KB169600

슬기로운 언어생활

슬기로운 언어생활

말 많은 세상에서 말 너머를 보는 법

김윤나 지음

카시오페아
Cassiopeia

"나무는 환경의 영향을 많이 받아요.

잘 키우는 방법은 관심을 가지고 살펴보면서 때에 맞추어 물을 주는 것입니다."

큰 나무 몇 그루를 들여놓았는데 줄기가 썩고 잎이 떨어지기 시작한다. 어찌 된 일이냐고 화원 사장에게 전화를 했다. 그러자 그는 "화분을 어디에 두었어요? 공간은 얼마나 되나요? 그곳이 습한가요, 건조한가요? 햇빛은요?" 하면서 오랜 친구의 안부를 묻듯이 나무가 어디서 어찌 사는지를 확인했다.

"10일에 한 번씩 물을 주면 되는 거 아니었나요?"

그는 생명은 다 똑같지 않다고 했다. 화분을 잘 키우고 싶으면 매뉴얼대로 하지 말고 화분의 흙이 얼마나 말랐는지, 잎새는 어떤

지 살펴보고 그것에 맞추어서 대해주라고 했다. 나무젓가락을 꽂아두면 도움이 될 거라고. 깊숙하게 찌른 후 흙을 직접 만져보고 바짝 말랐을 때 물을 주면 좋다고 가르쳐주었다.

게다가 이동하는 사이 잔뿌리에 상처가 났을 수도 있으니 적응하는 시간 동안 기다려달라고 했다. 나무도 지금 사는 곳에 익숙해져야 한다고.

'아. 살아 있는 것들은 어렵다. 그래서 지금껏 수많은 화분을 죽여 내보냈지.'

그런데 말이다. 나는 대번에 우리의 '말'도 그렇다는 생각이 들었다. 사람 사이의 말이 매뉴얼대로, 정해진 대로 안 된다는 것이 닮았다. '이럴 때는 이렇게'에 딱 들어맞는 정답이 없다. '그때그때 다르다'라는 점이 말을 어렵게 하고 사람을 미치게 한다.

"말은 사람의 영향을 많이 받아요.
잘 말하는 방법은 관심을 가지고 살펴보면서 마음에 맞추어 말을 하는 것입니다."

말을 제대로 쓰려면 사람을 잘 살펴보아야 한다. 말을 소리로만 듣고 잘 보지 않으면 중요한 것을 놓친다.

얼마 전 강의를 다녀온 고객사에서 있었던 일이다. 임원들을 대상으로 한 교육이었는데, 담당 팀장이 좀 긴장되어 보였다. 아무래도 윗분들이 많은 과정은 신경이 쓰이기 마련이다. 나는 노트북을 설치하고 음향을 확인했다. 그런데 웬일인지 소리가 들리지 않았다. 어제까지만 해도 잘 작동하던 노트북인데 강의 시작 5분을 앞두고 먹통이다. 당황스러웠지만 가끔 벌어지는 일이라, 늘 하던 대로 노트북 전원 버튼을 누르고 잠시 기다렸다.

그때 팀장이 말을 걸었다.

"소리가 안 들리면 제 노트북으로 옮겨서 하시지요."

"아, 잠시만 기다려주시겠어요? 제가 다시 해볼게요."

노트북은 아직 켜지지 않았다.

"제 것으로 옮겨서 하시겠어요?"

"팀장님, 잠시만 기다려주세요. 제가 해결하겠습니다."

"…."

다행히 노트북은 제대로 작동했다. 소리가 잘 들렸다. 그러나 나는 팀장의 말은 잘 못 들었다. 더 정확히는 마음을 살피지 못했다. 그의 표정이 찰나에 변했을 때 '아! 이번 강의는 잘해도 본전

이겠구나' 생각했다.

　강의 1분 전, 팀장은 다시 말했다.

"문제없겠지요?"

"네, 팀장님. 잘 됩니다. 안 될까 봐 걱정하셨지요?"

　나는 뒤늦게 팀장의 불안한 마음, 완벽하게 해내고 싶다는 각오, 꼼꼼하고 계획적인 일의 방식을 헤아리기 위해 노력했지만 충분하지 않아 보였다. 나는 노트북을 제대로 작동시키기 위해 일만 하다 사람을 놓쳤다.

　강의를 마치고 곰곰이 생각해본 나는 우리가 진짜 하고 싶은 말은 다른 곳에 있다는 것을 깨달았다.

주고받은 말	진짜 하고 싶은 말
소리가 안 들리면 제 노트북으로 옮겨서 하시지요.	문제 있으면 안 됩니다. 그냥 제 것으로 하시지요.
아, 잠시만 기다려주시겠어요? 제가 다시 해볼게요.	팀장님, 자료 옮기는 게 시간이 더 걸려요.
제 것으로 옮겨서 하시겠어요?	그것 봐요. 아직 안 되잖아요. 임원들 다 계시는데 문제 생길까 봐 걱정됩니다.
팀장님, 잠시만 기다려주세요. 제가 해결하겠습니다.	팀장님 재촉하지 마세요. 저도 불안해져요.

이래서 말이 참 힘들다는 거다. 말은 단어의 선택, 문장의 구조만 보아서는 진짜를 알 수 없다. 속내는 말하는 사람의 마음에 있다. 매뉴얼대로 나무가 자라지 않듯이, 언어를 표면적으로만 이해해서는 관계가 이어지지 않는다. '10일에 한 번씩 물을 준다'라는 원칙보다 더 중요한 것이 '나무가 자라는 환경을 고려해서 준다'라는 원리인 것처럼, '이럴 때는 이렇게 말한다'라는 지식이 아니라 사람의 감정과 사정에 따라 다르게 말할 수 있는 지혜가 있어야 한다.

그래, 우리의 언어생활에는 '슬기로움'이 필요하다.

말해야 할 것과 말하지 않아야 할 것을 분별하는 것,
말이 필요할 때와 들을 때를 구분하는 것,
말을 하기 전에 상대의 준비 상태를 살피는 것,
말하지 않는 숨은 감정과 진실을 찾는 것,
말이 가진 개인적인 의미와 해석을 존중하는 것.

이것이 바로 말을 대하는 우리의 슬기로움이다. 당신이 생각하는 언어의 슬기로움은 무엇인가? 당신은 언제 말을 슬기롭게 사용한다고 생각하는가?

이 책은 그런 이야기를 담고 있다. 말과 사람을 함께 보는 방법, 말보다 사람을 알아가는 일상의 이야기들이다. 직접 겪은 일이나 관찰한 사건들이 '아하!'를 주는 날, 매일 조금씩 글을 써 채워나갔다. 당신도 이미 겪었고 또 앞으로 겪을지 모르는 흔한 이야기, 그러나 살피지 않으면 찾지 못할 '사람에게서 배우는 깨달음에 관한 이야기'다.

책은 4장으로 되어 있다. 1장에서는 '말 너머에 있는 것들'을 다룬다. 귀로 들리는 말이 전부가 아니라는 것, 말 이면에 있는 사람과 관계에 관한 이야기가 모여 있다. 2장은 '말하기 전에 알아야 할 것들'을 살펴본다. 상대의 마음을 듣고 배려하는 방법에 관한 이야기다. 3장은 '말하지 않으면 모르는 것들'을 이야기한다. 한 번 더 생각하고 말해야 하는 것, 표현하고 살아야 하는 것에 관해서다. 마지막으로 4장은 '사랑하면 보이는 것들', 즉 서로를 지키는 말이다. 당신 자신과의 대화에서, 사랑하는 사람들과의 관계에서 후회하지 않을 말하기를 다룬다. 낱개는 토막의 글들이고, 펼치면 촘촘히 사람으로 엮어진 이야기라 나눔의 형식에 크게 구애받지 않아도 좋다. 손이 머무는 곳에서 시작하고 멈추면 된다.

이 책은 《외로운 내가 외로운 너에게》의 전면 개정판이다. 너도 외롭고 나도 외롭지만 우리의 말이 서로의 다리가 되어줄 것이라고 말하는 책이었다. 그런데 시간이 지나니 생각이 좀 더 깊어지고 관계에 대한 다른 깨달음도 생겨났다. 또한 《말 그릇》을 읽고 좋아해 주셨던 분들께 좀 더 간결하면서도 깊이 있는 이야기를 나누고 싶다는 생각이 들었다. 기존에 있던 내용을 많이 빼고 새롭게 얻은 사유를 보태어 말 너머의 이야기들을 고민해 간추렸다.

무엇보다 어렵지 않은 책이었으면 좋겠다. 어릴 적 학교에서 배우던 바른생활, 슬기로운생활처럼 어른들을 위한 '말과 사람에 관한 쉬운 책'이었으면 싶다. 후루룩 넘어가지만, 사람 사이에 사는 것이 부대끼는 날이나 말이 공허한 날이면 '아 맞다!' 하면서 문득 꺼내어 보고 싶은 책이 되었으면 한다. 어른이 되어가면서 말이 갑갑해질 때, 관계가 어그러질 때, 사람이 미워지고 그런 나까지 싫어질 때, 이 책을 읽다 보면 마음이 다시 잠잠해질 수 있기를 바란다.

우리는 위로받고 위로해야 하는 생명이다. 다른 한편으로는 여전히 본심을 숨기고 말하는 가여운 어른아이이기도 하다. 그러니 우리 서로 말 속에 숨겨진 진심을 알아보며, 흔들리고 휘청거릴 때마다 서로 조금씩 기대면서 살았으면 좋겠다. 당신의 말이 조금씩 슬기로워질 때마다 주변 사람들이 웃고 안심하게 되기를.

　마지막으로. 여백이 많은 책이다. 짧은 문장 옆 남은 자리는 당신의 삶으로, 일상으로, 당신이 느꼈을 여운으로 채웠으면 한다. 진짜 말은 경험에서 나온다. 말을 눈으로만 만나지 말고, 사람 사이에서 만났으면 좋겠다.

2018년 4월
김윤나

내가 말 안 하려고 했는데 · 한 끗 차이 · 알지 못함의 자세 · 상처와 딱지 · 당신은 그런 한 사람입니까? · 화가 많은 당신께 · 말 냄새 · 듣기 vs. 참기 · 조언 좀 구하고 싶습니다 · 인기 있는 사람이 되는 방법 · 도대체 몇 번을 말하는 거야! · 우린 다 외로우니까 · 경청이 뭐 어려운 일이냐고요? · 말하지 않아도 알아요? · 누가 더 마음이 급해야 하나요? · 들을 시간이 없다고요? · 욕구 읽기란 이런 것 · 어떤 병원에 가실래요? · 전략적으로 들으세요 · 말길을 따라가세요 · 힘이 있는 당신께 · 끄덕끄덕해주세요 · 걸려들지 않는 법 · 인디언 토킹 스틱 · 할머니만 가능한 것 · 상사 말 좀 줄이는 방법 없나요? · 마음이라는 것 · 그러니까 외롭지요 · 무엇이 먼저 보이세요? · 말하기 쿠폰 · 국어 시험 몇 점 받았어요? · 당신이 듣고 싶은 말 · 의도를 갖고 배회하기 · 모른다고 생각하세요 · 괜찮아, 더 울어 · 때로는 그만두세요 · 자동보다 수동이 필요할 때 · 마음 번역기가 필요해 · 그냥 떼쓰고 싶은 날 · 무르익을 때까지 · 왜, 나만 이해해야 하나요? · 말의 유통기한 · 백번을 말해도 안 돼요 · 대화의 목적을 생각하세요 · 공격수와 수비수 · 특별 데이트 · 어린이집 선택법 · 어떤 친구인가요 · 장면을 전환하세요 우리에게 필요한 사람 · 당신뿐이라고 말해주세요 · "미안해"라고 말할 용기 · 양 · 질 · 타이밍 · 당신의 이중 메시지 · 말이 많은 당신께 · 오해하지 마세요 · how vs. why · 말 버튼 누르기 · 그런 말 할 줄 아는 사람 · 감정의 짝 맞추기 · 불통 지름길 · 같이 욕하지 마세요 · 차라리 참고 만다고요? · 달을 따다 주세요 · 통하였느냐? · 남과 여의 공생법 · 쌍방과실 · 기사님 vs. 선생님 · 적절하지 않은 말 · 위로받고, 위로하기 · 제대로 질문해주세요 · 관계의 황금비율 · 삼각관계 · 사람을 살리는 말 · 당신을 닮아갑니다 · 힘이 되는 말 vs. 진 빠지게 하는 말 · 날 위한 거라고? · 갑자기 공이 날아올 때 · 돌리지 마세요, 어지러우니까요 · 변속기어 골라 쓰기 · 앞으로 잘하라고요? · 다르게 말하기 · 평가하지 마세요 · 촌스럽게 받지 마세요 · 잘했네, 잘했어! · 당신이 가장 많이 하는 말 · 작고 작은 것 · 기억에 남는 대사 · 레퍼토리 좀 다양하게 · 뽀루지 같은 것 · 잘한 것이 없는데 어떻게 칭찬합니까? · 칭찬의 역효과 · 말하고 싶다 · 직업병 · 미안해, 미안해요 · 미안해 vs. 고마워 · 당신, 내 편이야? · 시어머니 예쁨받는 법 · 훈계 vs. 설명

1장

말 너머에 있는 것들

당신의 말에는 당신의 규칙이 담겨 있습니다.
"도대체 이해할 수가 없어요! 왜 약속시간을 지키지 않는 거죠?"

당신의 말에는 당신의 두려움이 담겨 있습니다.
"참을 수가 없어요! 어떻게 나에게 잘못되었다는 말을 할 수 있죠?!"

당신의 말에는 당신의 우선순위가 담겨 있습니다.
"힘들어도 직장은 포기할 수 없어요. 어떻게 여기까지 왔는데요!"

말을 언어로만 듣지 않고
그 사람의 경험과 인생으로 들을 때,
우리는 문법적인 문장 너머의 의미를 만날 수 있게 됩니다.

사람의 진짜 얼굴은 가파른 말의 고개를 넘어야
만날 수 있습니다.

말에 너무 많은 의미를 부여하지 마세요.

말과 너무 깊은 관계를 맺지 마세요.

'사랑한다'라는 말,

1그램도 안 되는 가벼운 말이라는 걸 벌써 잊었나요?

'앞으로는 안 그럴게'라는 말,

급할 때 쓰고 버리는 비닐우산 같은 거잖아요.

말만 붙잡고 있는 당신은

말 없이는 불안한 것 아닐까요.

말보다는, 그 말을 담고 있는 사람을 보세요.

그게 덜 허무할 거예요.

"네가 최고야. 네가 무엇을 하든 사랑스럽단다."

"다른 사람과 자신에게 피해를 주는 행동은 하지 말렴. 너는 우리에게 소중하니까."

"네가 혼자 해낼 수 있잖니. 곁에서 응원할게."

"네가 선택하는 삶을 살아야 해. 너는 우리의 소유물이 아니란 걸 알고 있단다."

사랑하는 마음은 그대로일지라도
자녀에게 해주는 말은 달라져야 합니다.

한 사람의 뿌리가 깊어질수록 말의 거리를 넓혀가는 것,
그 사람의 줄기가 길어질수록 말의 질량을 줄여가는 것,
그것이 관계를 오랫동안 지키는 방법이지요.

사랑에 눈이 멀어 '처음 그대로 변함없이'만 고집하면
결국 서로에 대한 원망만 남을 거예요.

"엄마 때문에…."

"당신 때문에…."

관계가 성숙해져 가는 만큼,

사랑하는 방식도, 사랑을 담은 대화도 달라져야 합니다.

그것이 슬기로운 사랑입니다.

"야, 나는 네가 진짜 부럽다. 어떻게 그렇게 돈을 많이 버니?"
누군가 침이 마르게 칭찬하면 이렇게 생각해볼까요?
'아, 저 친구는 '돈'을 중요하게 생각하는구나.'

"야, 돈만 많으면 뭐하냐? 가족들하고 거의 남남처럼 사는데!"
누군가 침이 튀기게 욕을 하면 이렇게 생각해봐요.
'아, 저 친구는 '가족'을 중요하게 생각하는구나.'

칭찬에 하늘을 날고
비난에 무덤을 판다면
세상이 온통 롤러코스터 같아 어지러울 거예요.

당신이 사는 방식과
타인이 사는 방식을 잘 분리해야
미워할 일도, 원망할 일도 줄어듭니다.

잎이 다 떨어지고 초라한 가지만 남은 나무를 보며
그동안 뭐 했냐고 탓하지는 않겠지요.
자신만의 봄, 여름, 가을을 살아낸 생명이란 것을 알기에 그렇지요.

당신 앞에 선 그 사람도 지금이 전부인 것처럼 대하지 말아 주
세요.
성장이 끝난 나무처럼, 완성된 그림처럼 평가하지 말아 주세요.

그도 인생의 긴 단계에서 몇 걸음을 걸었을 뿐입니다.
지금은 봄을 준비하는 시간이에요.
앞으로 얼마나 더 근사해질지
당신도, 저도 알 수 없습니다.

사람을 시간에 가두고 '겨우 그거냐' 혼내지 말아 주세요.
우리는 모두 완료형이 아니라 진행형입니다.

사발에 담기면 사발처럼,
접시에 담기면 접시처럼,
냄비에 담기면 냄비처럼.

어떻게 그처럼 꼭 맞출 수 있나요?
'물'이라는 본래의 자기는 변하지 않으면서.

알겠어요, 지혜롭기 때문이겠지요.
중요한 것은 보이는 것이 아니라 가지고 있는 것임을 아니까요.

맞아요, 사랑하기 때문일 거예요.
상대에게 맞추면서도 자신을 지켜낼 줄 아니까요.

그래요, 신뢰하기 때문일 거예요.
누가 뭐라고 하든 있는 그대로의 자신을 믿으니까요.

7세, 17세, 27세

7세 이전의 아이들은 다른 사람의 관점에서 대상을 바라보지 못합니다.

내가 서 있는 곳에서 빨간색이 보이면,

마주 서 있는 친구도 빨간색을 보고 있으리라 생각합니다.

'자기중심성' 때문이지요.

아이에게는 빨간색이 정답이고 진리입니다.

그런데 17세가 되어도, 27세가 되어도…

우리 계속 그러고 있는 것 아닐까요?

내가 보고 있는 세상이 전부인 것처럼

말하고 행동하는 것은 아닐지 무서워집니다.

나이가 들어가면서 시력만 떨어지는 것이 아니라

삶의 맹점이 많아지는 것이 아닐지 문득 걱정스럽습니다.

그 사람, 이해되지 않지요?

당연하죠.

당신은

그의 부모 밑에서 자라본 적 없고

그의 형제들과 살아본 적 없고

그의 상처를 받아본 적 없고

그의 꿈을 꾸어본 적 없으니까요.

이해 안 된다고 비난하지 말고

이해하기 위해서 무엇이 필요한가를 생각해보세요.

이해하는 척하지 말고

이해하기 어렵다고 솔직해지는 것이 좋겠습니다.

'맥락 저널리즘'이란 말 들어보셨어요?

요즘 뉴스 보도의 변화를 일컫는 말입니다.

기존에는 육하원칙을 중심으로 팩트를 전달하는 것에 집중되었다면

이제는 한 가지 뉴스를 깊게 파고들어 해설하고 비평하는 형식이 인기입니다.

"한 걸음 더 들어가 보겠습니다" 하는 유명 앵커의 멘트를 연상시킵니다.

자, 그럼 당신이 누군가와 대화를 나눌 때도 이것을 적용해보겠습니다.

팩트만 가지고 상대를 이해할 수 있을까요?

선택한 정보만으로 한 사람을 평가 할 수 있겠어요?

한 걸음 더 깊게 파고들어 보세요.

현상만 보지 말고 맥락과 과정을 살펴보세요.

"내가 보기에는 말이지…" 하면서 당신의 말을 꺼내기 전에,

먼저 제대로 알아보고 시작하세요.

연애를 책으로 공부한 사람, 춤을 글로만 배운 사람은
실전에서는 맥을 못 춥니다.
눈으로 읽은 세계는 상수(常數)가 통하지만,
몸으로 뛰는 세상에는 변수(變數)가 많거든요.

관계도 마찬가지입니다.
커뮤니케이션 관련 책 한 권쯤은 읽어보셨죠.
그 수많은 기술과 방법은
당신을 관계에서 가벼워지게 하나요, 더 무거워지게 하나요?

관계를 위한 지식이라는 것이
나를 묶어두는 족쇄인지, 자유롭게 하는 날개인지 한 번쯤 묻게
됩니다.
노자는 말했더군요. 지(知)와 명(明)은 다르다고.
지는 '아는 것'이지만, 명은 '깨닫는 것'이라네요.

말의 이치도 그렇습니다.
대화에서 '지'란 말의 기술을 아는 사람을 뜻하고

'명'이란 말해야 할 것과 하지 말아야 할 것을 구분하는 사람을 뜻하지요.

같은 말이라도 때와 장소를 가리는 것을 의미합니다.

유명 강사의 말은 아직 당신에게는 지의 차원일 뿐이에요.

진짜 명이 되려면 직접 갈고 다듬어야 합니다.

깨달음에는 사건과 경험이 필요합니다.

소통에 관해서 이야기하려거든

더 많은 사람 속으로 뛰어들어서 땀 냄새와 뒤엉켜보세요.

그들 속에서 부딪치며 나를 찾아보세요.

책으로만 인생을 살면 머리만 무거워집니다.

"엄마, 물이 너무 뜨거워!"

"아냐, 하나도 안 뜨거워."

"아니야, 뜨거워!"

"이것보다 더 차면 감기 걸린다니까."

아이와의 목욕시간,

몇 번의 실랑이 끝에 아들이 말합니다.

"엄마, 내 이야기 좀 들어보세요.

어른들에게는 안 뜨겁지만, 아이들에게는 뜨거울 수 있어요."

아!

엄마는 더 말 못 하고, 조용히 차가운 물을 붓습니다.

나는 그럴 수 있지만 너는 아닐 수 있다는 것,

내게 깜찍한 일도 네게는 끔찍할 수 있다는 것,

그것을 애써 기억하며 말하는 것이

슬기로움이 아닐까 생각합니다.

"또 이렇게 어지럽혔어? 이러면 동생이 위험하단 말이야."
반복되는 잔소리. 아이는 가만히 듣다가 말합니다.

"엄마, 내 이야기 좀 들어보세요."
"응?"
"아이네요. 아이! 왜 소리를 지르면서 이야기하세요.
엄마가 그랬잖아요. 원하는 것을 이야기하면 된다고."

아, 그래.
"엄마는 네가 깨끗하게 치워주길 바란다."

어른의 대화는
원하지 않는 것에 대하여 분노하고 불평하는 것을 멈추고
원하는 것을 정확하게 말할 수 있는 것임을 배웁니다.

말한 것 반만 지켜도 좋은 어른이 될 수 있겠어요.
행동할 수 있는 것만 말해도 빈말을 줄일 수 있겠어요.

마음의 방

마음에도 방이 있지요.
안방은 내 것, 거실은 가족, 작은 방은 일의 자리
당신의 사랑방은 어디인가요?
누군가 들렀다 쉬어 갈 수 있는 마음의 공간 말이에요.

관계에서도 공간 설계와 배치가 중요합니다.
'좋은 사람' 소리 들으려고 안방까지 내어주지 마세요.
그러다 집주인이 셋방살이하게 됩니다.
'멋진 사람'으로 보이려고 내 것으로만 채우지 마세요.
그러면 결국 거울 앞에 혼자 서 있게 되니까요.

요즘 내 방 인테리어가 인기던데
마음의 방부터 살펴보았으면 좋겠어요.

마음이 불안하면, 무엇인가 자꾸 하려 들게 되어요.
안 해도 되는 말, 손해 되는 말도 서슴지 않지요.
불안해서 무엇인가 하고 싶다면
말로 해결하려 하지 말고
마음부터 해결하세요.

불안한 마음에서는 전체를 잘 볼 수가 없어요.
불안의 힘을 막으려고 가슴이 머리를 멈추게 하거든요.
그러니 더 좋은 말을 하기 힘듭니다.

우리는 매일 서로에게 퀴즈를 냅니다.

"지금 내 마음이 뭐게?"

"지금 나한테 가장 필요한 게 뭐게?"

가까운 사이일수록, 사랑하는 사이일수록 더 그렇습니다.

자신에게 벌어진 일, 그때 느낀 감정, 위로받는 방법을 알려주기보다는

말하지 않아도 자신을 정확히 이해하고, 알아서 반응해주기를 기대합니다.

그래놓고 혹여라도 예민함이 떨어지거나 민첩성이 둔감해질 때면 "날 더는 사랑하지 않아", "변했어. 예전 같지 않아"라고 말하며 슬픈 사랑 노래를 시작합니다.

우리는 이것을 '마음 읽기의 오류'라고 부릅니다.

사랑할수록 자신의 감정 색깔을 정확하게 알려주세요.

아낄수록 자신을 어떻게 다루어주면 감정이 회복될지 방법을 안내해주세요.

관계를 망치는 잔인한 퀴즈는 이제 그만 내어요.

당신의 마음을 맞추는 일보다,

당신의 마음에 대해 이야기 나누는 것에

시간과 에너지를 더 사용했으면 좋겠습니다.

누군가 부탁을 해올 때,
"미안해. 지금은 도와줄 상황이 못 돼"라고
말하지 못하는 진짜 이유는 무엇인가요?
거절하면 상대가 서운해해서 관계가 무너질까 봐?
거절하면 나중에 도움받기 어려워질까 봐?
거절하면 자신이 별로인 사람같이 느껴질까 봐?

"안 돼요"를 주고받는 일은 반갑지 않습니다.
특히 거절에 대한 민감성이 높은 사람들은
사건에 대한 거절도, 사람에 대한 거절로 받아들이거든요.

그러나 건강한 관계를 위해서는
"NO"라고 말할 수 있어야 합니다.

어쩔 수 없는 'YES'를 하고 나면 손해가 큽니다.
눈치 없이 강요하는 상대를 원망하게 되고요
그거 하나 거절 못 하는 자신도 별로이게 보이고요
이런 관계를 지속해서 무엇하나 고민하게 되지요.

당신의 담백한 NO 하나면 될 것을
잠깐의 불편함을 이겨내지 못해서
오랫동안 마음앓이를 하게 됩니다.

"미안해, 네가 서운해할까 봐 나도 거절하기가 쉽지는 않지만
지금은 어렵겠어."
깨끗하고 직접적인 말,
그것이 소통을 만드는 가장 좋은 재료입니다.

경계를 지키세요

가까운 사이, 특히 가족 간에
경계를 지키지 못해 서로를 힘들게 하는 경우를 많이 봅니다.
부부는 서로 존중해야 할 경계가 있고,
부모 자식 간에도 침범하지 말아야 할 독립적인 영역이 있습니다.
남편의 눈을 피해 휴대전화를 열어보는 일,
자녀 몰래 일기장을 뒤적이는 일 같은 것들도
경계를 무너뜨리는 일입니다.

관계의 경계가 무너지면 지나치게 간섭하고 집착하게 됩니다.
관계가 흐트러지면 말의 담장도 무너집니다.
하지 말아야 할 말, 알아도 지나쳐야 할 말,
해도 마음만 상할 말을 하고 맙니다.

가족뿐만 아니라 수많은 관계에 경계가 존재합니다.
친구는 친구만큼의 경계. 선후배는 선후배만큼의 경계. 동료는
동료만큼의 경계.
그런데 오래 알고 지냈다는 이유로, 친하다는 이유로
그 경계를 넘어서는 일이 적지 않습니다.

"너, 그렇게 살면 안 돼."
"야, 그렇게 해서 되겠니? 진짜 한심하다."
속상한 마음은 알겠는데, 이것도 영역 침범입니다.

"네 마음대로 되지 않는다니, 속상하네"라고 말하는 것은
상대의 몫을 존중하면서 안타까움을 표현한 것이지만
다 아는 것처럼 무시하고 비난하는 말은
감정과 책임의 주도권까지 빼앗고 흔드는 것입니다.

경계를 넘어서지 마세요.
당신은 당신 영역 안에서 공감하고 위로하면 됩니다.
쓸데없이 더 나아가지 마세요.

습관처럼 무단횡단을 하는 사람들이 있습니다.
옆에 신호등을 멀쩡히 두고도
조급한 마음에 위험한 길로 내달려버리죠.
관계에서도 그런 사람들이 있습니다.
멀쩡한 마음의 길 두고
자기가 오가고 싶은 길을 만들어버리는 사람,
아직 준비가 되지 않았는데도 건너버리는 사람.

무단횡단은 결국 사고로 이어집니다.
자신도, 타인도 아프게 된다고요.
조급해하는 건 당신뿐이에요.
기다렸다가 파란 불 되면 건너가세요.

사람에게는 가까운 사람에게 기대하는 신화가 있어요.
"가족이라면…, 서로 보듬고 감싸줘야지."
"친구라면…, 이 정도는 서로 해줘야지."

그러나 실제로 들여다보면
포근한 둥지 같아야 할 것 같은 가족에게
가장 많은 상처를 받고
의리와 믿음으로 뭉쳐야 할 것 같은 친구에게
뒤통수를 많이 맞습니다.

머릿속 신화에 사로잡히면, 실체를 보지 못합니다.
당신의 기대로 만들어내는 관계 말고
당신의 언행에 담긴 관계를 믿으세요.

그게, 진짜입니다.

별거 아니라고 생각해서 꺼낸 이야기가 불씨가 되어
상대를 폭발하게 하는 때가 있습니다.
"뭐 그런 거 가지고 화를 내고 그래? 하여튼 성격 진짜 이상해!"

그러나 이것은 성격의 문제가 아닙니다.
나는 '아무것도 아니다'라고 생각한 말이,
상대에게는 숨어 있는 사연이나 상징적인 의미일 수도 있습니다.

"여보, 이거 나가는 길에 옆집 아줌마 좀 가져다줘."
엄마 말에 아빠가 쏘아붙입니다.
"내가 심부름꾼이야? 당신이 가져다줘!"
"아니, 뭐 별것도 아닌 것에 성질을 내. 진짜 성격 이상해."
"그래, 나 성격 이상하다. 왜!"

그러나 엄마는 모르고 있지요.
아빠의 퇴근길,
그 아줌마가 엄마의 장단에 맞추어 자기 험담하는 걸 다 들어
버렸거든요.

그래서 '이놈의 여편네 걸리기만 해봐라' 하던 중이라는 것을,
아빠에게는 무능력한 가장이 견뎌야 하는 쓰디쓴 자존심이었다는 것을요.

성격 이상한 사람으로 취급하는 순간, 진짜 그런 사람이 되어버립니다.
내게는 아무것도 아닌 것이, 상대에게는 특별한 무엇이 될 수도 있음을 기억하세요.

이 세상에 '아무것도 아닌 것'은 없습니다.

뺑소니, 해본 적 있으세요?

없다고요?

…

아닐걸요.

누구나 말실수하잖아요.

욱하다 보면 수습하기 어려운 말도 뱉어내고요.

"그러니까 네가 그런 대우를 받는 거야!"

"누가 도와달래? 괜히 나서지 마!"

"다 그러면서 사는 거야, 유난떨지 마."

기억하세요. 말로 상처 내는 것도 인명 사고예요.

슬쩍 넘어간다고 없던 일 되는 게 아니거든요.

"농담이야."

"별거 아닌 것 가지고 꽁해 있냐?"

"네가 그렇게 나오니까 나도 모르게…."

고의가 아니었다고 변명하기 전에

얼마나 다쳤는지 살피는 일이 먼저잖아요.

"미안해. 그렇게까지 말하려던 것은 아니었어."

"사과하고 싶어. 내가 실수했어….".

"적절한 표현이 아니었어. 내가 너무 심했어."

현장에서 도망가지 않았으면 좋겠습니다.

응급조치가 먼저예요.

관계에서 뺑소니만큼은 하지 말았으면 합니다.

감정의 수류탄

"야! 전화를 왜 이렇게 늦게 받아! 뭐 하느라고!"
전화 한 통으로 평온하던 마음에 불꽃이 튑니다.

저는 이렇게 상대의 상황은 살피지도 않고
일방적으로 감정을 분출하는 사람들을 '감정의 저격수',
그들이 내던진 부정적 말은 '감정의 수류탄'이라고 부릅니다.

때로 감정의 저격수들은 우리가 어떤 상태인지 알려주기도 해요.
마음의 힘이 얼마나 되는지 시험하는 것만 같거든요.

"내가 놀아? 왜 전화해서 짜증이야!"
어떤 날은 수류탄을 직격으로 맞아서 너덜너덜해지고,
"무슨 일 있으신가…? 오늘따라 예민하시네."
어느 날은 유들유들 수류탄을 튕겨내기도 하고,
"왜? 나 지금 정신이 없어서."
일단 아무렇지 않은 듯 마음을 숨기고 피해보기도 합니다.

고질적 습관을 지닌 '감정의 저격수'들과는

거리를 두는 것이 현명합니다.

그럴 수 없다면,

'감정의 수류탄'을 온 마음으로 맞지 않도록 준비할 수밖에요.

모든 대화에 정면승부 할 필요 없어요.

명분 없는 폭격에는 우선 자신부터 지켜내세요.

골라 먹을 수 없습니다

인생이라는 이름의 샌드위치에는

고통과 기쁨이라는 두툼한 패티가 들어 있습니다.

슬픔, 후회, 희망, 만족이라는 채소들도 들어 있고요.

누구도 좋은 것만 골라 먹을 수 없으니

완벽히 성공하거나 완전히 실패한 인생은 없습니다.

삶을 채워가는 관계도 마찬가지입니다.

나와 너 사이에는 즐거움이 한 장, 아쉬움도 한 장 끼어 있습니다.

관계를 이어가는 사람도 그렇습니다.

한쪽 면에는 닮은 점이, 반대 면에는 다른 점이 있거든요.

어느 하나를 골라 먹을 수 없습니다.

"이것 빼고 저것 넣어주세요" 할 수 없습니다.

제대로 즐기고 싶다면

쓴맛도, 단맛도 받아들여야 하지요.

'차라리 떠나고 말지' 하다가도

'그래, 이 맛에 살지' 하는 날 옵니다.

실망감에 눈물 쏟는 날 있다가도
고마움에 눈물 흐르는 날 옵니다.

그것이, 사람의 맛입니다.

당뇨병 같은 것

아무리 연습해도 관계 기술이 늘지 않는다는 분들이 있습니다.
저란 사람은 도저히 안 되는 것이냐며 마음 상해합니다.
그럴 때 사람 사이에서 생겨나는 문제란,
당뇨병이나 디스크 같은 것이라고 말합니다.
당뇨병과 디스크는 완치가 어렵습니다.
당뇨병은 매일의 작은 식단에 신경을 써야 하고
디스크는 일상의 사소한 자세에도 마음을 써야 합니다.
약물 투여나 수술도 방법이 될 수 있지만,
관리를 소홀히 하면 쉽게 재발하지요.

사람 간의 관계도 마찬가지입니다.
낱개의 기술, 몇 번의 결심만으로 정복되지 않습니다.
아픈 날도 있고, 조금 살 만한 날도 있으면서
그렇게 꾸준히 관리해야 하는 '평생학습 과목'입니다.

여자가 남자에게 언제 신뢰를 느끼게 되는지, 아세요?
깜짝 선물을 주겠다며 갑자기 집에 찾아올 때가 아니에요.
생색 좀 내겠다며 거금을 털어 선물을 안겨줄 때가 아니에요.

같은 시간에 전화해서 밥 먹었냐고 걱정해줄 때
같은 시간에 만나서 내가 하는 말에 귀 기울여줄 때
같은 시간에 문자 보내서 잘 자라고 말해줄 때

아주 작은 일이 쌓이고 쌓여서
남자의 마음을 예측할 수 있을 때 마음을 열게 되지요.

깜짝 이벤트로 관계를 회복할 수는 있겠지요.
하지만 사람이 사람을 믿을 수 있으려면
둘 사이에 충분한 데이터가 쌓일 때까지 시간이 걸립니다.
아무리 세상이 바빠져도 마음을 얻으려면 기다림이 필요합니다.

살아 있는 것은 바람에 흔들린다.
죽은 것은 바람에도 꼿꼿하다.

당신이 오늘도 관계 때문에 힘든 건,
당신이 내일도 사람 때문에 지치는 건,

바로 살아 있기 때문이겠죠?

사냥꾼의 마음 vs. 농사꾼의 마음

살아가면서 사냥꾼의 마음이 필요할 때가 있어요.
반드시 해내고야 말겠다고 마음먹을 때,
목표를 향해 한 치의 오차 없이 활시위를 겨누어야 할 때,
정확하고 뾰족한 마음이 필요합니다.

하지만 관계에서는 농사꾼의 마음도 필요한 것 같아요.
언제 싹이 틀지 열매를 맺을지 알 수 없지만,
때로는 바람 불고 서리 내려 영 망칠 수도 있지만,
그럼에도 성실하게 씨앗을 뿌리는 농사꾼의 마음 말이에요.

그러다 예쁜 싹이 돋아나면 얼마나 기쁘다고요.
이러니 농사를 멈출 수가 없다고 하게 되지요.

사람에 상처받으면서도
사람을 떠날 수 없는 이유와 같지 않나요?
싫다 하면서 사람 책을 펼치게 되는 마음과 비슷하지요.
우리 올해도
사람 농사, 즐겁게 지어보아요.

문방구

관계라는 것이 참 문방구 같다는 생각이 듭니다.

왜 학교 앞 문방구에 가면, 각종 문구가 없는 것 빼고 다 있잖아요.

우리 주변에는 자나 각도기 같은 사람들이 있습니다.

정확한 것 좋아하고, 옳고 그름을 따져야 속이 편하며,

한 치의 오차도 허용하기 힘든 사람들이죠.

이런 사람들이 있기에 세상은 조금씩 더 예측 가능해집니다.

문방구 한편에 자리한 크레파스, 물감 같은 사람들이 있습니다.

할 말도 많고, 느끼고 생각한 것들을 풍부하게 표현할 줄 아는 사람들이지요.

남들과 다른 것, 남들이 하지 않는 것들도 기꺼이 시도해보는 사람들.

이런 사람들이 있기에 세상은 꽤 다채로워집니다.

또 먹과 붓 같은 사람들도 있습니다.

샤프처럼 똑딱 소리에 바로 사용할 만큼 속도가 빠르지는 않아도,

갈고 갈아서 진국을 만들어내는 사람들.

바쁘게 돌아가는 이 세상에 편승하지 않고
안정과 평화를 유지하려는 사람들이요.
이런 사람들이 있기에 세상에 신뢰와 믿음이 유지됩니다.

그리고 도화지 같은 사람들도 있습니다.
하얗고 순수해서 다른 사람들의 그림을 빛나게 해주는 사람들,
자신을 내세우기보다는 타인을 드러내기 위해
가장 밑자리에 서 있는 사람들 말이죠.
이런 사람들이 있기에 아직 세상이 살 만하다 말하게 됩니다.

문구대 한쪽에 보면 각종 크기의 건전지도 눈에 띕니다.
서로 자신이 더 힘세고 오래간다며 경쟁하지요.
우리 주변에도 이런 사람들 있지요. 도전하고 성취를 즐기는 사
람들이요.
경쟁을 삶의 활력으로 사용하는 사람들이죠.
이런 사람들이 있기에 새로운 일이 만들어집니다.

자, 크레파스, 먹, 도화지, 건전지

문방구에 필요 없는 것이 무엇일까요?
우리 삶에 소용없는 사람이 누구일까요?

각자 쓸모가 있어 제 역할을 하고 삽니다.
자가 크레파스의 일을 이해할 수 없고
도화지가 건전지를 대신할 수 없습니다.

"말을 어쩜 그렇게 잘하세요? 저도 그렇게 잘 포장하고 싶어요."

아이고,

말은 포장지가 아니에요.

말은 이해력과 공감력, 분별력과 표현력의 조합이에요.

그러니 문방구에서는 살 수 없어요.

당신이 오랫동안 기르고 힘써 가꾸어야 하는 능력입니다.

명태, 너 누구니?

명태의 이름은 참으로 많습니다.

자연 그대로의 살아 있는 생태,

꽁꽁 얼린 동태,

오랜 시간 얼렸다 녹였다 말린 황태,

완전히 말린 북어,

반만 건조한 코다리,

어린 노가리,

하얗게 말린 백태,

까맣게 말린 먹태.

생선도 어떤 과정을 거쳤는가에 따라 이렇게 다른데

사람이야 오죽할까요.

당신이 살아온 방식이 아니라고 뭐라 할 수 있을까요.

맞고 틀림의 울타리에서 벗어나세요.

그에게도 그만의 방식과 이름이 있습니다.

모빌 같은 관계

사람들이 어울려 사는 모습은 '모빌'에 비유됩니다.
한쪽이 툭! 건드려지면,
다른 쪽도 흔들흔들하는 모빌 말이에요.
너도, 나도 얇디얇은 실에 줄줄이 엮여 있어요.
나는 나대로, 너는 너대로 살 수 없지요.

작은 말, 섬세한 눈빛, 스치는 행동이
타고 타고 모빌에 엮인 많은 사람을
흔들리게 한다는 것,
알았으면 좋겠습니다.

'행복은 전염된다.'

요즘 들어 자주 들어본 말입니다.

한 심리학자가 확인한 바에 따르면

어느 한 사람이 행복할 경우

그의 친구가 행복할 확률이 15퍼센트 더 높아지고,

그의 친구의 친구가 행복할 확률은 10퍼센트 높아지며,

그의 친구의 친구의 친구가 행복할 확률이 6퍼센트 높아진답니다.

이를 거꾸로 생각해보면

친구의 행복이 나의 행복에도 15퍼센트쯤은 영향을 미친다는 말입니다.

오늘 아침에 눈을 뜨고 다시 잠들 때까지

주변의 친구들에게 어떤 말을 뿌려두었나요?

당신의 말은 동료의 행복에 어떤 영향을 미쳤을까요?

부메랑처럼, 그것이 돌고 돌아

나의 행복으로 되돌아온다는 것을 기억하세요.

친구에게 하는 말은

결국 나에게 하는 말이기도 합니다.

홍미진진 풋볼 게임을 보려고 맥주 한 캔을 들고 일어서는데

화장대 앞에 앉아 머리를 빗던 아내가 "휴" 하면서 깊은 한숨을 내쉽니다.

분명 무슨 일이 벌어진 거죠.

그러나 남편은 텔레비전 앞으로 가서 게임을 즐기고 싶은 마음이 굴뚝 같습니다.

이때 아내에게 "무슨 일 있어?"라고 말을 걸어야 할까요?

모르는 척하고 텔레비전으로 몸을 돌려야 할까요?

부부관계 전문가인 존 가트맨(John M. Gottman) 박사는

이 순간을 '슬라이딩 도어즈 모멘트(sliding doors moment)'라고 부릅니다.

마치 지하철 문이 닫히는 순간

이 지하철을 탈 것인가, 그냥 보낼 것인가를 고민하듯이

어떤 선택을 했는가에 따라 전혀 다른 삶이 펼쳐진다는 뜻에서요.

남편은 맥주를 내려놓고 아내에게 다가가 어깨를 다독이며 묻

습니다.

"당신, 무슨 고민 있어?"

기다렸다는 듯이 아내는 속상한 일들을 털어놓습니다.

한참의 대화 후에 아내가 말합니다.

"당신 덕분에 기분이 훨씬 좋아졌어요."

"나도 기뻐."

남편은 아주 가벼운 마음으로 소파에 앉아 풋볼 게임의 후반전을 즐겁게 봅니다.

만약 슬라이딩 도어즈 모멘트를 무시했다면

그는 아마 한동안 아내의 고통과 심술을 맛봐야 했겠지요.

우리 일상에는 수많은 슬라이딩 도어즈 모멘트가 존재합니다.

누군가 나에게 '말'로 하진 않지만, '말'하고 싶다는 신호들을 보내지요.

모니터 앞에서 머리를 쥐어뜯으며 한숨을 내쉬는 후배,

어쩌면 그것이 슬라이딩 도어즈 모멘트일지 모릅니다.

회의실에서 멍한 표정으로 입술을 깨물고 있는 동료,

이것 역시 그 순간일지 모릅니다.

오늘따라 아내의 설거지 소리가 요란하다면,

아이가 유난히 느릿느릿 걷는다면,

모두 슬라이딩 도어즈 모멘트일지 모릅니다.

당신은 또 선택할 수 있겠지요.

그냥 모르는 척하거나,

"하기 싫으면 하지 마! 왜 그렇게 짜증을 내?"

마주 짜증을 내거나,

"속상한 일 있었어? 평소와는 다른 것 같은데?"

가만히 물어봐 주거나.

그 사소한 순간을 예민하게 알아차리는 사람이

높은 관계의 질을 만들어갑니다.

그 찰나의 순간에 세심하게 반응하는 사람이

깊은 관계의 질을 유지해갑니다.

저는 악기에 대해서는 잘 모르지만,
멋진 연주를 하기 위해서는 조율이 중요하다는 것쯤은 압니다.
줄이 늘어지고 뒤틀려 있는 상태에서는
아무리 훌륭한 악보, 노련한 연주자라고 하더라도
본래의 아름다움을 발휘하기는 어렵지요.

대화도 마찬가지입니다.
대화 기술이 아무리 중요하다고 해도
처음부터 꼴이 틀어진 상태에서는 마음을 전하기가 어렵습니다.
상대가 괘씸하고 얄미운데도 경청하는 척, 칭찬하는 척하면
'내가 이렇게까지 하는데… 좀 바뀌어야 하는 거 아냐?'
하는 마음만 가지게 되고,
결국 나만 더 억울해집니다.

대화 기술을 쓰기 전에 내 마음부터 조율하고 시작하세요.
기술은 진심을 오해 없이 전달하기 위해 사용하는 것이지
뒤틀린 마음을 감추려고 활용하는 것이 아닙니다.
조율되지 않은 마음은 연주를 시작하면 곧 티가 나기 마련입니다.

방식의 문제입니다

'내가 그렇게까지 했는데!' 하는 마음 때문에 속상한가요?

당신이 그 사람을 위해서 무엇을 주려고 하는가보다
그것이 상대가 좋아하는 방식인가가 더 중요합니다.

선물이 아무리 좋아도
배송 과정이 문제가 되면
기분이 안 좋습니다.
깨지고 구겨지면, 반품하고 싶어지거든요.

취급 주의하세요.
많이 주려고 하지 말고, 방식에 더 마음을 두세요.
반송하지 않고 요긴하게 사용할 수 있게요.

가족심리치료 전문가들이 부모들에게 하는 말이 있답니다.
"36개월 넘으면 말로는 안 돼요.
그 전까지는 하지 말라면 안 하겠지만,
그 이후에는 부모님의 행동을 보고 자연스럽게 배우는 거예요.
자기가 보고 괜찮아 보이면 따라 하는 것이고,
별로다 싶으면 안 하는 거죠.
말로 고치려고 하는 것은 그다지 효과가 없습니다."

우리는 서른여섯 살 어른에게도 가르치려 하는데,
그것이 아니라며 자꾸만 바꾸려 드는데,
어쩌면 좋을까요.

외과 의사만 치료하나요?

사람에게 받은 상처는 흉터를 남깁니다.
시간이 지나도 사라지지 않고 흉이 되고 말지요.
그러나 새살이 돋기도 합니다.
다른 생명을 통해 '안전한 사랑'을 경험할 때지요.

후x딘 같은 말
마데x솔 같은 눈빛
당신이 외과 의사는 아니지만,
마음의 상처는 치료할 수 있습니다.

매일의 말을 의사가 매스 다루듯
조심스럽게 사용했으면 합니다.
순간의 말을 의사가 봉합하듯이
섬세하게 다루기를 바랍니다.

정수된 물

이렇게 말하나 저렇게 말하나
뜻만 알아들으면 되는 것 아니냐고요?

이 물이나 저 물이나 같은 물인데
정수된 물 마시려고 하는 이유는 뭐예요?

몸 생각해서 깐깐해지는 거라면
마음 고려해서 걸러 말해주세요.

어릴 적 게임 중에 짝꿍끼리 안아서 풍선 터트리기가 있었죠?
내가 곧 터질 것 같은 풍선을 안고 있으면
상대가 꼬옥 껴안을수록 펑! 터지고 말잖아요.

화도 마찬가지예요.
내가 곧 폭발할 것 같은 마음을 품고 있으면
상대가 따뜻하게 안아주어도
터지고 말 거예요.

펑!
안에서부터 터져 나오는 소리가 너무 커서
다가오던 사람도 한발 뒤로 물러날 밖에요.

당신이 화를 불러오는 이유는
화를 내서 상대를 바꾸고 싶어서인가요,
화를 내면 문제가 해결되기 때문인가요,
화를 내지 않고는 견딜 수 없어서인가요,
화 말고는 다른 방법을 몰라서인가요?

화는 열정의 또 다른 이름입니다.

무엇을 원하길래 저렇게 큰 에너지를 모으는 걸까요.

다만, 다 쓰고 남은 것이 없을까

걱정입니다.

마음 노트

말이 잘 통하는 사람이 되고 싶으면
상대가 말하지 않지만 말하고 싶어 하는
진짜 마음을 들을 줄 알아야 합니다.
마치 꼭꼭 숨겨놓은 보물을 찾듯이
호기심과 감탄이라는 준비물을 챙겨
보물을 찾아 나서는 여행이지요.

어떻게 하면 더 잘할 수 있냐고요?
여기에도 요령이 있습니다.
들리지 않는 소리를 발견하려면
우선 자신의 마음부터 들을 줄 알아야 합니다.

그런데 그 마음이라는 게
텔레비전 앞에서는, 휴대전화 옆에서는 잘 들리지 않습니다.
마음의 소리는 굉장히 가늘고 섬세해서
아주 집중해서 귀 기울여야 겨우 들리거든요.

혼자만의 공간에서 고독한 시간을 만드세요.
그리고 하얀 종이 위에 끄적이면서 마음을 찾아보세요.
'마음 노트'라고 이름 붙인 노트를 마련해도 좋습니다.

무엇을 적어야 하느냐고 묻는 분들이 많은데
'오늘 내가 발견한 것들'이라는 제목으로 시작해도 좋습니다.
'요즘 가장 오랫동안 생각하는 것들'이라는 주제도 좋고요.

그렇게 당신이 떠올리는 것은 무엇이든
낙서하고 그려보고 정리하는 겁니다.

자신에게 질문하고 답하는 시간이 길어질수록
사람들의 마음을 읽는 길이 보이게 될 겁니다.
사람 마음속에 들어가는 통로는 다르지만
자주 사용하는 비밀번호를 알아낼 수는 있을 겁니다.

콩 심은 데 콩 나고 팥 심은 데 팥 난다.
될성부른 나무는 떡잎부터 알아본다.
개천에서 용 난다.

세 가지 속담 중에서
당신 마음에 가장 와닿는 것은 무엇인가요?
그 이유는요?

당신의 대답은
사람을, 관계를, 세상을 바라보는 방식에 관해 알려줍니다.
무작정 바꾸려 하기 전에
당신이 무엇을 보고, 무엇을 믿는지부터 아는 것이
먼저 아닐까요?

떡잎이 노랗다고 생각하면서 칭찬하는 것.
그게 얼마나 효과가 있을지 모르겠어요.

감 · 감 · 감

대화할 때 가장 나쁜 세 가지 감이 뭔지 아세요?
박탈감, 고립감, 상실감이에요.

너랑만 대화하면 내가 못나고 부족하다고 느껴지는 박탈감,
너와 마주하고 있지만 내 이야기는 없다고 느껴지는 고립감,
너와의 관계가 예전만 하지 않다고 느껴지는 상실감.

이거 맛없는 감이니까
우리 즐기지 말아요.

"당신, 또 술이야? 아유 지겨워, 지겨워."

"나라고 마시고 싶어서 마셨겠어?"

"그럼, 누가 마시라고 등 떠밀었어? 이 집에 당신 술 마시는 거 좋아하는 사람 아무도 없어."

"힘드니까 마셨지. 내가 이러니까 술을 안 마실 수 있냐고!"

우리 집에서 20년간 오간 대화입니다.

관계에서는 아주 흔한 가나다 패턴이 있습니다.

가 다음 나, 그다음 다, 라, 마… 자연스럽게 따라오듯이

두 사람이 대화만 시작했다 하면

결국 정해진 역할에 따라 대화를 이어가게 됩니다.

관계를 바꾸려면 패턴을 깨야 해요.

누군가는 고정된 말의 물길을 다른 곳으로 내야 합니다.

희생양처럼 대화하던 사람은 자책을 그만두어야 해요.

해결사처럼 대꾸하던 사람도 원망을 멈추어야 하고요.

어렵겠지요. 쉽지는 않을 거예요.

하지만 그러지 않고는

평생 평행선을 따라 살아야 할지도 몰라요.

바로 옆에 있는 그 사람을 그리워하면서 말이죠.

"선생님, 제 베프가 저한테 말도 안 하고
다른 친구들과 여행을 간 거 있죠!
그래서 너무 화가 나요. 어떻게 하면 좋을까요?"
한 친구가 제게 질문해옵니다.

누구나 가까워지면 소유하고 싶어져요.
사람을 향한 욕심이 생기면
'우리는 하나'가 되기를 바라게 되고요.

그러나 진짜 절친이 되고 싶은 사람에게 필요한 것은
혼자 있을 수 있는 능력입니다.

남자친구가 다른 친구들 못 만나게 감시하는 관계는
오래갈 수 없어요.
부인이 외출할 때마다 불편해하는 남편이라면
부부관계가 시끄러워질 거예요.
자녀의 방에 들어갈 때마다 뭐 하는지,
뭐 할 건지 묻는 엄마라면

갈수록 어색한 관계가 되겠지요.

혼자만의 시간이 없는 사이에는
고마움과 그리움은 빨리 시들고
집착과 질투가 서둘러 자랍니다.

혼자 있을 때도 편안하고
둘이 있을 때도 즐거워야
진짜 절친이 됩니다.

같이 놀고 싶은데 괜히 고무줄 끊고 도망가는 그 마음,
친해지고 싶은데 괜히 치마 들추고 놀려대는 그 마음,
어려서 그런 걸까요?

사랑하고 싶은데 괜히 툭툭 쏘아붙이는 그 말,
관심받고 싶은데 괜히 툴툴거리는 그 말,
그때나 지금이나 마찬가지입니다.

사랑받고 싶다면 사랑받는 방식을 알아야
어른이라는데
언제쯤 어른이 될 수 있을까요?

생각 기계

자, 생각을 한번 멈추어보실래요?
1분 동안 아무것도 생각해보지 않는 거예요.

….

생각을 하지 않는 것이 얼마나 어려운 일인지 알게 될 겁니다.
사람은
걱정하고, 상상하는 일을 멈추지 못하지요.

그러니 말을 잘 골라서 하고 싶거든
생각을 단속하세요.

당신의 생각 기계가
당신의 언어를 생산해내니까요.

관계에는 자동조절 시스템 같은 것이 있습니다.
머리로는 무엇이 더 좋은 방향인지 알아도
바꾸어보려고 신경 쓰고 있는데도

그렇게 말하는 것이 낯설고 어색해서
날 어떻게 생각할까 쑥스럽고 겸연쩍어서
원래 자리로 돌아오려고 하는 관성이지요.

그래서 가까운 관계일수록
말투를 바꾸거나 어휘를 가려 쓰는 일이 쉽지 않습니다.
본래 하던 대로 하는 것이 훨씬 더 편하거든요.

편한 것이 늘 좋은 것은 아닙니다.
낯선 불편함이 관계의 새길을 만들어냅니다.

유명한 가족심리치료 전문가인
버지니아 사티어(Virginia Satir)는 말했죠.
우리는 공통점 때문에 친해지지만
차이점 때문에 성장하게 된다고요.

당신에겐 유독 친해지기 어려운 사람이 있나요?
괜히 불편한 사람이 있나요?

그렇다면 축하해요.
당신의 성장판이 바로 그곳에 있으니까요.
성장은 불편함의 골목을 지나야 있습니다.

운전을 하다 보면 사각지대가 늘 문제입니다.

어떤 사람은 사이드미러도 불안해서 돋보기 거울을 달아두고

전후방 카메라까지 설치하면서 사고에 대비하지요.

사람들과 대화할 때는 어떠세요?

가려진 사각지대를 알기 위해 어떤 준비를 하나요?

사람의 마음을 더 잘 보고 듣기 위해서

당신이 노력하고 있는 것은 무엇인가요.

분명히 존재하는데 보지 못하는 것,

또 때로는 애써서 보지 않으려고 하는 것,

그것이 우리의 대화를 방해하고 있는 것은 아닐까요.

사각지대에는 누군가의 그림자가 살고 있습니다.

들키고 싶지 않아 꼭꼭 감추어둔 것,

말할까 말까 망설이면서 가슴 졸이고 있는 것,

먼저 알아주길 바라며 숨죽이고 있는 것.

누구나 '말'로는 안 보이는 사각지대를 가지고 있습니다.

다 안다고 너무 자신하지 마세요.

그러다 사고 나는 겁니다.

2장

말하기 전에 알아야 할 것들

"내가 이번에는 말 안 하려고 했는데…."

앗, 멈추세요!
말 안 하기로 작정했으면 하지 마세요.
그렇게 시작된 말은 백 퍼센트 도움이 되지 않아요.
속은 게 이미 여러 번이거든요.

사람들은 '말을 잘하는' 사람의 '말'을 듣고 싶어서
그에게 몰려듭니다.
또 사람들은 '말을 잘 들어주는' '사람'을 만나고 싶어서
그를 찾아갑니다.

둘 중 하나입니다.
사람'에게' 말하거나, 사람'들과' 말하는 사람.

당신은 어떤 사람인가요?

많은 전문가가 타인의 마음을 치유하기 위해서는

알지 못함의 자세(not knowing posture)가 필요하다고 말합니다.

전문가들이 알고 있는 전문지식과 경험은

거대한 동굴을 탐험하고

무엇이 더 있는지 채굴하기 위한 도구일 뿐

그 동굴이 금을 품고 있는지, 주석을 숨기고 있는지는 알지 못

합니다.

무엇을 내보일 것인지는

전적으로 동굴의 마음에 달렸기 때문이랍니다.

우리는 상대에 대해서 얼마나 아는 자세를 취해왔는가

생각해보게 됩니다.

탁! 보면 척! 아는 것처럼 해왔던 장면들이

헤아릴 수가 없네요.

상처와 딱지

상처가 나면 딱지가 앉듯이
마음이 다치면 껍질을 입습니다.

무엇을 지키고 싶어 하는지
무엇을 잃을까 봐 두려워하는지
볼 수 있어야

까슬까슬한 껍질 안
보드랍고 여린 마음을 만날 수 있습니다.
그래야 진짜 대화를 할 수 있게 됩니다.

"이런 얘기…, 가족들에게도 해보질 못했어요."
"누군가에게 이런 말 하는 건…, 처음이에요."

도대체 우리 마음 깊은 곳,
우물 속 이야기는 누구와 나누며 살고 있는 걸까요?
풀어놓지 못하고 속에 가둔 상처들은
오래 두면 곪아서 악취가 나고 마음의 병을 만듭니다.

우물물을 정화하기 위해서는 두 귀면 되는데,
내 우물 속 이야기를 들어줄 수 있는
단 한 사람의 마음이면 충분한데,

당신은 그런 한 사람이 있습니까?
당신은 또 누군가에게 그런 사람입니까?

화가 많은 사람은 경청이 어려워요.
딱 한 개뿐인 화의 그릇이 차고 넘치니
밖으로 줄줄 흘러나오거든요.
그러니 하소연할 것도, 원망할 것도, 분노할 것도 많아서
다른 사람의 이야기를 듣고 있을 수 없습니다.
듣기 좋은 노래도 한두 번이라는데
자꾸 화만 내는 당신을 누가 가까이하고 싶어 할까요.
도망가지 못해 곁에 있을 뿐이겠지요.

대화하고 싶은 사람이 되려면,
경청 기술을 익히는 것만으로는 어려워요.
내가 무엇에 자꾸 화를 품게 되는가를 생각해야 해요.
그 화를 먼저 만나고, 다스릴 줄 알아야
말을 멈출 수 있는 사람이 됩니다.

말 냄새

당신이 먹은 음식이 무엇인지 입 냄새가 알려주죠.
당신이 먹은 마음이 무엇인지 말 냄새가 알려줘요.

문제는
악취인지 향취인지
본인만 모른다는 거지요.

그러니까 마음이 흙탕물 같을 때
말을 하는 것은 별 도움이 되질 않아요.
어차피 솟아오르는 모래 때문에 당신 마음은 보이지 않거든요.
잘 보이지 않거들랑
조금 기다려주세요.
가라앉고 나면, 흙이 담긴 물도 무엇인가 비출 수 있으니까요.

듣기 vs. 참기

조심스럽게 보고서를 들고 온 후배의 말을 가로막지 말고 좀
들으랬더니
오만상을 찌푸리고, 하늘 한 번 쳐다보고, 팔짱도 끼어가며,
입술을 앙다문 채 한숨을 쉽니다.
그래놓고 5분 동안 들어주느라 힘들었다 말하네요.

아이고, 혹시 경청이 '시간'으로만 하는 것이라 생각하셨나요?
그런데 어쩌지요.
당신 양미간의 주름이, 흔들리는 눈빛이, 따분하다는 몸짓이
이미 '듣기'가 아니라, '참기' 중이라고 알려주었는데.

아, 후배 입장에서는 '안 듣기'보다 '참기'가 더 무섭다는 것은
아시죠?

"코치님, 제가 어떤 결정을 내려야 할지 헷갈려요. 도와주세요."
"강사님, 전문가시니까 저 대신 선택 좀 해주세요."

하지만 이번에도 속지 않습니다.
"지금까지 어떤 결론을 내리셨나요?"라는 질문 한 번이면
한참을 혼자 떠들다가
'정리가 좀 된 것 같다'며 뒤돌아 갈 것이 뻔하니까요.

"정말 내 조언이 필요하구나!"
"내가 제대로 알려줘야지!"
그 덫을 덥석 물지 않아야 후회할 일이 덜 생깁니다.

'말해달라는 말'보다는
'말하고 싶어 하는 마음'을 보면 알 수 있습니다.

명강사, 스타강사.

말을 잘하는 사람에게 우리는 박수를 '보냅니다.'

그가 주인공, 내가 관객인 거예요.

그러나 말을 잘 듣는 사람에게는 우리가 박수를 '받습니다.'

내가 주인공, 그가 관객이니까요.

누구와 더 만나고 싶어질까요?

누구와 있을 때 자신이 더 근사하다고 느껴질까요?

말을 잘해서 사람을 모으는 것보다

귀를 열어서 사람을 이끄는 일이

훨씬 더 힘이 셉니다.

인기 있는 사람이 되고 싶다면,

먼저 말을 줄이세요.

도대체 몇 번을 말하는 거야!

주사(酒邪) 중에 가장 사람 잡는 주사가
했던 얘기 또 하고, 했던 얘기 또 하는 것입니다.
그런데 생각보다 많은 사람이
맨정신에도 같은 얘기를 반복하곤 합니다.

그러면 참다 참다 소리칩니다.
"같은 얘기를 몇 번 하는 거야. 참고 듣기가 어렵네."

이 말을 들은 상대는 뭐라고 반응할까요?
"아, 제가 그랬나요? 앞으로는 딱 한 번만 말하겠습니다."
하하, 어림없는 소리지요.
"야, 네가 제대로 들어줘 봐라. 내가 이렇게 말하겠나!"
"아이고, 어쩌다 한번 들어줬나 보다."

그러니까 경청하기로 마음먹어놓고 괜한 인심 잃지 말고,
앞으로는 이렇게 말하세요.
"여러 번 반복해서 이야기하는 것 보니,
네게 정말 중요한 일이구나."

같은 말을 여러 번 반복한다는 걸 알려주는 것은 똑같지만

심정까지 알아주는 꽤 괜찮은 사람이 될 수 있는 기술입니다.

오랜만의 동문회 모임.

유난히 말이 많은 선배 앞에 자리 잡은 후배들,

지루함을 간신히 참아내며 슬금슬금 도망치기 바쁘더군요.

한 친구가 화장실에서 물어요.

"야, 너는 지겹지도 않냐! 그 선배 말을 다 들어주고 앉아 있게?"

"저도 지겨워요. 집중력을 몇 번이나 잃었는지 몰라요.

그런데 자세히 들여다보면 알 수 있어요,

말이 많은 이유.

외로워서 그런 거예요.

사람은 안 보이고 자기 말만 쏟아내는 것,

들어주는 사람 없이 혼자였다는 뜻이잖아요.

그러니 저리도 급하게 얘기를 쏟아내는 것 아니겠어요?"

내가 아니면 들어줄 사람 없다고 생각하세요.

내가 들어주면 저 사람의 우물도 얼마간은 버틸 수 있다고 바라보세요.

남편은 회사에 뺏기고 자녀는 친구에 넘겨준 아줌마들이
동창회에서 남 얘기 듣지 않고 자기 말만 하는 이유도,
여든 가까운 할머니가 손녀 손을 놓지 않고
별 관심도 없는 이야기를 큰 사건인 양 야단이신 이유도.

모두 다 외로워서 아닐까요?
우린 다 외로우니까.
서로 번갈아 가면서 그렇게
들어주면 안 될까요?

경청, 까짓거 이야기 진심으로 들어주면 되는 거지

그게 뭐 어렵냐고요?

그런데 진짜 경청은 '마음을 다해 듣고 있다'라는 것이

상대에게 잘 전달되어야 하거든요.

택배 보낸 사람이 "보냈다" 하는 게 중요한 것이 아니라

택배 받는 사람이 "받았다" 해야 하는 것처럼요.

상대의 말 속도에 따라서 안정되게 끄덕끄덕.

내용의 흐름에 따라서 부드럽게 "음, 음."

파도치는 감정선을 따라서 자연스러운 표정과 몸짓 리듬의 연출,

길고 지루한 문장의 전후를 파악하는 이해력,

진짜 감정과 가짜 감정을 구분하는 분석력,

숨겨져 있는 진심을 찾아내는 추리력.

한 번에 이 많은 걸 다 해야 하는데

연습이 필요한 일이 아니라고요?

"말하지 않아도 알아요."

초콜릿을 입힌 동그란 과자.

제일 싫어하는 광고 카피입니다.

사람 사이는 말하지 않으면 모르거든요.

30년 산 부부도, 열 달을 품어 낳은 자식도.

그래서 말을 해야 해요.

그런데 말을 하면 좀 들어야지요.

좀 들읍시다. 말 좀 하게.

참! 이 과자 홍보영상도 바뀌었다지요.

"정 때문에 못 한 말 까놓고 하자!

말하지 않으면 몰라요."

말 안 해서 답답했었나 봐요.

이제 속이 좀 시원하네요.

직장에서 직원들이 회의를 하기 위해 모였다고 생각해보세요.

말하는 사람과 듣는 사람. 누가 더 마음이 급할까요?

말하는 사람 마음이 급하지요.

빨리 말하고, 많이 말해서 성과를 만들어야 하니까요.

그런데 원하는 성과를 만들려면

리더 마음이 급해야 하나요, 직원 마음이 급해야 하나요?

직원 마음이 급해야지요.

진짜 일을 할 사람은 직원이니까요.

그런데 아직도 회의실에서는

혼자 마음이 급해서 말하는 리더를 봅니다.

직원들은 듣는 척하는 시간, 쉬는 시간이지요.

"선배님, 제 생각에는요."

"팀장님, 우리가 오늘 논의해야 하는 사항은요….'

직원들이 말하게 하고, 리더는 좀 쉬세요.

가정에서도 같은 일이 벌어집니다.

기말고사가 코앞이에요. 누구 마음이 더 급해야 하나요?

자녀가 더 마음이 급해야지요.

공부는 아이가 하는 것이니까요.

그런데 아직도 가정에서는

혼자 마음이 급해서 말하는 부모들을 봅니다.

"공부 안 해? 아직도 자니? 얼마나 했어?"

아이들은 듣는 척하는 시간, 쉬는 시간이에요.

"엄마, 나 고민이 있어요."

"아빠, 나 도움이 필요해요."

아이들이 말하게 하고, 부모는 좀 들으세요.

"경청, 좋은 것은 다 알지요.

그런데 비즈니스라는 게 애들 장난도 아니고

회사에 왔으면 일을 해야지.

하는 얘기 언제 다 들어주고 있습니까?

저도 시간이 없다고요."

많은 사람이 좋은 리더가 되기 이전에

시간과의 싸움에서 힘들어합니다.

직원들 힘든 것 다 아는데,

그거 하나하나 듣고 있다간 언제 일하겠냐 싶은 거지요.

아이가 오늘따라 칭얼거립니다.

밥도 안 먹겠다 하고, 약도 안 마시겠다 하고, 유치원도 안 가겠

답니다.

일하는 엄마는 얼른 집안일 마치고 출근해야 하는데 말이죠.

마음이 급합니다.

"엄마가 너무 바빠서 네 투정 받아줄 수가 없어.

빨리 준비하고 유치원 가!"

아이는 누가 이기나 보자고 작정한 것 같습니다.
바닥에 드러누워서 통곡을 시작했고,
엄마는 결국 회사에 늦었습니다.

이번에는 방법을 달리해볼 작정입니다.
오늘도 일하러 가는 엄마가 미운지
아이는 단식 투쟁을 시작합니다.
급한 엄마는 마음을 부여잡고 무릎을 굽혀
아이와 눈을 마주칩니다.
"엄마가 같이 놀아주지 않아서 속상하지? 미안해."
말도 제대로 못 하는 아이가 울먹울먹 엄마 품에 안깁니다.
위로를 충분히 받은 아이는 아끼는 빠방(장난감 자동차)을 챙겨
유치원 차에 올라탑니다.
엄마도 잘 다녀오라며 손을 흔듭니다.
후유, 다행히 오늘은 무사히 출근할 듯싶습니다.

우리는 늘 마음이 바쁩니다.
고생하는 직원의 생각을 듣기에는,

공부에 짓눌린 아이들의 마음을 듣기에는.

그러나 사람의 마음은 재촉한다고, 모른 척한다고

내 뜻대로 되지는 않습니다.

그저 내가 내 방식에 길드는 것뿐이죠.

진심이 담긴 위로 한 번이면 일이 더 수월해질 수 있는데

아직도 바쁘다고만 말하는 리더들을 많이 봅니다.

네 살 꼬마나 마흔 살 아저씨나

제가 보기에 위로받고 싶어 하는 건 똑같은데.

드러눕지 않고 단식 투쟁 하지 않는다고 그걸 모르다니

참 안타까워요.

40대 중년 남성의 노하우 한 가지 공유합니다.
아내에게 사랑받는 방법이라는데, 들어보시죠.

일에 치여 집에 소홀한 남편에게
아내가 주기적으로 잔소리를 퍼붓습니다.
"당신은 아이들 육아는 다 나에게 맡기고…"
"일도 일이지만…"
"또 건강은 어떻고!"
계속되는 레퍼토리를 쭈욱 듣다 한마디 던집니다.
"당신, 여전히 날 사랑하는구먼!"

어이가 없어서인지, 귀여워서인지
"아이고, 못살아! 얼른 씻어요. 밥 먹게!"

캬! 이게 바로 '숨어 있는 마음 읽기'의
진수 아닐까요?

"선생님, 목도 아프고 몸살 기운도 있는 것 같아요."
둥그런 의자에 앉은 저에게 하얀 가운을 차려입은 선생님은
"아, 해보세요" 목구멍을 살피고,
"에, 해보세요" 칙칙 무엇을 뿌려대고,
"옷 들어보세요" 등에 차가운 청진기를 댑니다.

"감기약 지어드릴게요. 이틀 치 먹어보고 또 오세요."
말할 기운이 없어 대꾸도 하지 않고 왔습니다.

심한 감기인지 약 이틀 치 가지고는 어림도 없습니다.
축 처진 빨래처럼 남편 손에 끌려
이번에는 다른 병원에 갔습니다.

"선생님, 약 이틀 먹었는데 아직도 온몸이 아프고 몸살 같아요."
"아이고 힘드셨겠다. 어디가 가장 불편하세요?"
"목이요. 침 삼키기도 어렵고, 간질간질 기침까지 해요(어쩌고저
쩌고)."
"저런 저런! 하루 중에 특히 증상이 심할 때는 언제예요?"

"밤에 잘 때요. 기침하느라 잠을 깨기도 해요(훌쩍훌쩍)."
"심한 정도가 1부터 10 중 어디쯤인 것 같아요?"
"8은 될 것 같아요(꿍알꿍알)."

더 좋은 약을 먹어서인지 나을 때가 되어서인지 모르겠지만,
얼마 안 가 감기는 뚝 떨어졌어요.

그 후로 저는 두 번째 병원만 다닙니다.
어디가 아픈지, 얼마나 불편한지 말하게 한 것뿐인데
그냥 그 병원이 좋아요.
사실 말은 제가 다 했는데
왜 더 좋은 의사처럼 느껴질까요?
당신 같으면 어느 병원에 몸을 맡기겠어요?

한 중소기업의 임원을 인터뷰하러 갔습니다.
평소 직원들로부터 리더십 평판이 좋아서
좀 캐낼 것이 없나 찾아본 길이었죠.
이야기를 시작하려는데, 기획팀장이 뛰어 들어왔습니다.
급한 보고가 있다면서요.

대표님은 저에게 10분 정도의 양해를 구하고는
직원에게 말했습니다.
"내가 지금 10분 정도 시간이 가능한데,
먼저 5분 정도 상황 설명을 해주겠나?
문제가 무엇인지 그것에 대한 자네의 생각은 뭔지 듣고 싶네."

정확히 10분 후, 우리의 인터뷰는 계속되었습니다.
본론으로 들어가기 전에 물었습니다.
"아까 보니 직원의 이야기를 듣기 전에
시간과 듣고 싶은 내용이 무엇인지 말씀해주시던데요.
그렇게 하시는 이유가 있나요?"
"네, 저도 어디서 배운 건데요.

직원들의 이야기는 들어야겠고, 만나야 할 사람은 너무 많죠.

그래서 우리가 이야기 나눌 수 있는 시간을 알려주고,

그 시간 동안 무엇을 듣고 싶은지

정확히 알려주는 것이 중요합니다.

그래야 직원들도 목적에 맞게 말할 수 있고,

저 역시 중요한 부분을 놓치지 않고 들을 수 있거든요.

무엇을 말해야 할지 직원들도 점점 알아가는 것 같아요.

효과 좀 보고 있습니다."

한 수 배웠습니다.

전략적인 경청은 상대가 말해야 하는 것,

또 내가 들어야 하는 것을 정확하게 안내해주어서

서로 너무 먼 길을 돌아가지 않으면서도

중요한 것을 놓치지 않게 하는 배려임을 말입니다.

말을 하는 사람은 자신이 하는 말을 상대가 잘 듣고 있는지,
의도가 제대로 전달되고 있는지 궁금해합니다.
그럴 때는 그가 말하는 길을 잘 따라가고 있다고 알려주세요.
상대가 말하는 내용 중에서
중요하다고 생각하는 단어나 어구를 반복하면 됩니다.

"내가 있잖아. 지난번에 친구 집에 갔는데.
찾기가 너무 힘들어서 어찌나 고생을 했는지…"
"고생했구나…"
"이번에 새로운 프로젝트를 시작하는데,
내가 리더를 맡았지 뭐야!"
"리더를?"

이런 식이지요.
예전에 콜센터처럼 서비스 직무를 담당하는 직원들은
이것을 '앵무새 기법'이라고 불렀어요.
고객이 하는 말을 앵무새처럼 따라 하면서
잘 듣고 있노라고 알려주는 경청 기법입니다.

그렇지만 기계적으로 따라 하는 앵무새 기법에

고객들도 이미 짜증이 났지요.

"제가 이번에 요금제를 변경하려고 하는데요."

"네네, 고객님. 요금제 변경 말씀입니까?"

개그 프로그램에서도 이 모습을 과장해서 코너로 만들었을 정

도니까요.

말길을 따라간다는 것은 말의 내용 중에서

중요하다고 생각되거나 의미 있다고 생각되는 단어,

유독 마음에 머무는 표현을 자연스럽게 따라가는 것입니다.

그러니까 자음과 모음을 듣고 기계적으로 따라 하는 것이 아니라

말에 숨겨진 뜻을 이해하면서

그것이 마음에서 어떻게 메아리치는지까지 들어야

제대로 된 경청이겠지요.

'경청의 힘'을 다룬 한 텔레비전 프로그램에서
대학 졸업반 학생 다섯 명이
중요한 면접을 진행하는 상황이 벌어집니다.
이때 면접관은 특정 학생이 답변할 때
일부러 하품을 하고 팔짱을 끼고 귀를 후벼댑니다.
'듣기'가 아닌 '참기'를 하는 거지요.

그러자 학생들에게 이상한 일이 벌어집니다.
하던 말을 또 반복해서 지루하게 만들고
잘 하던 말도 버벅대는 통에 영 답답해집니다.
심지어 "죄송해요. 질문이 뭐였죠?"라고 하는 걸 보니
귀까지 어두워진 듯해요.
면접 전에 촬영한 사전 인터뷰 영상을 보니,
평소 말을 굉장히 잘하던 친구더군요.
힘을 가진 사람이, 자기보다 힘을 덜 가진 사람이 이야기할 때
불편한 분위기를 연출하면
상대는 당연히 긴장하고 실수하게 됩니다.
선배 앞에서 후배가,

부모 앞에서 아이가
그렇습니다.

그런데 우리는 잘 듣지도 않으면서
말도 제대로 못 한다고 다그치는 것은 아닐까요?
온전하게 들어주는 환경도 만들지 않았으면서
"그래서 결론이 뭐야!", "하고 싶은 말이 뭐야!"라고
윽박지르는 것은 아닌지요?

안전하게 말할 수 있는 환경을 조성해야
준비한 말을 제대로 하고 옵니다.
당신이 힘이 있는 사람일 때,
더욱 조심하세요.

다른 사람의 이야기를 들을 때
상대가 알아차릴 정도로 끄덕끄덕해주세요.
그래야 말하는 사람의 뇌가
안정감을 느끼거든요.

마음이 편해야 말실수를 덜하고,
같은 말을 자꾸 반복하지 않게 되고,
무엇보다 쓸데없는 고집을 덜 부리게 됩니다.

아내가 이야기할 때
신문을 펼쳐 들고 정수리만 보여주는 당신이라면,
후배가 이야기할 때
모니터를 노려보며 옆모습만 보여주는 당신이라면,
아이가 이야기할 때
스마트폰을 만지작거리며 가르마만 보여주는 당신이라면,

"왜 이렇게 고집을 부려?"라고 말하기 전에,
상대가 고집부리도록

당신이 한 일에 대해 생각해보아야 합니다.

고개를 들어 눈을 마주치세요.
그래야, 당신이 말할 때 상대도 당신을 봅니다.
그래야, 당신이 혼자일 때 상대가 당신을 봅니다.

"아가야, 아이가 초등학교에 들어가도 강의 계속할 거니?"

시아버님이 묻습니다.

요즘 세상이 험하니 어미가 직접 돌보아야 하지 않겠냐는 말씀입니다.

순간 머릿속에 두 가지 갈림길이 열립니다.

'걸려들까? 돌아갈까?'

걸려드는 방법은 간단합니다.

"아버님, 제게도 꿈이 있어요! 어떻게 그렇게 말씀하실 수 있어요!"라고 말하면 됩니다.

돌아가는 방법은 이렇습니다.

"아버님은 무엇보다 자식 농사가 중요하다는 말씀이시죠?"

다행히 저는 돌아가는 길을 선택했고

아버님은 "그럼, 그럼. 뭐니 뭐니 해도 자식 농사가 제일이지"라고 하시면서,

제가 앞으로 일하는 엄마로 계속 살아갈 것인가를 따지는 대신 삼 형제를 얼마나 힘들게 키우셨는지로 말길을 돌리셨습니다.

저는 그저 놀라고 감동하며 경청하면 되었지요.

상대가 말하는 의도를 들으면 돌아갈 수 있어요.
그러니 괜히 정면으로 도전해서 걸려들지 마세요.
어차피 설득으로 해결할 수 없는 게임,
기운 쓰고 인심까지 잃지 마세요.

인디언 토킹 스틱

예전 인디언들은 여럿이 이야기를 나누는 중요한 자리에서는
'토킹 스틱(talking stick)'이라고 부르는 지팡이를 사용했습니다.
많은 사람 중에서 토킹 스틱을 가진 사람만이 말할 수 있고,
다른 사람은 들어야만 합니다.
한 사람이 충분히 말하고 나면
다음 사람에게 지팡이를 넘겨주었죠.

이 토킹 스틱을
가정에서, 회의실에서, 국회에서
공동구매하면 안 될까요?

할머니만 가능한 것

"안 돼."

"하지 마."

"혼나."

초보 엄마가 자주 하는 말입니다.

"괜찮아."

"다 그런 거야."

"그래야 크지."

할머니가 하는 말입니다.

그래서 유경험자가 힘이 있는 걸까요.

아니면 너무 가까이 있는 것보다

조금 멀리, 떨어져서 보는 것이

더 잘 보게, 제대로 보게 하는 걸까요?

기다리고 긍정하는 말

할머니가 돼서야 가능한 걸까요?

'제대로 된 경청은 상대가 헤매지 않고 목적에 맞는 말을 하도록 돕는다'라는 내용으로 강의를 마쳤습니다.

그러자 젊은 직원들이 앞으로 나와 질문을 던집니다.

"강사님, 저희 팀장님 말씀하실 때 옆길로 새지 않게 하는 방법 좀 알려주세요. 프로젝트 이야기하시다가 갑자기 삼천포로 빠져요. 그러다 '내가 무슨 얘기 했었지?' 하시는데 아주 미치겠어요."

직급이 안 되니 말을 자를 수도 없고, 듣고 있자니 고역이라

묘책 좀 알려달라는 겁니다.

"보통 무슨 이야기를 하시는데요?"라고 물었어요.

일은 시작도 안 했는데, 이 프로젝트가 잘되면 어떤 일이 있을 거고, 그러기 위해서는 우리가 무엇을 준비해야 하는지 등 너무 먼 미래 이야기를 하느라 정작 닥친 일을 살피기 어렵다고 답하더군요.

그래서 또 물었습니다.

"팀장님이 그런 말씀을 하시는 데에도 좋은 의도가 있을까요?"

"의도요? 그런 건 없는 것 같은데. 그냥 생각나는 대로 말씀하시는 거예요."

"그렇군요. 그래도 무언가 기대하는 것이 있으니 자꾸 그런 얘기 하시는 게 아닐까요?"

"뭐…, '이 프로젝트가 잘되었으면 좋겠다'일까요?"

"네, 그게 아주 좋은 시작일 수 있겠어요. 이렇게 말씀해보시는 것은 어때요?"

"어떻게요?"

"팀장님, 그만큼 프로젝트가 잘되었으면 좋겠다는 말씀이지요? 그럼 오늘 회의 안건 중에서 어떤 내용이 잘 시작되어야 좋은 결과를 만들어낼 수 있을까요?"

"아!"

상대가 삼천포로 빠져 너무 멀리 가고 있다고 생각될 때 본래의 의도를 읽어주고, 현재로 돌아올 수 있도록 연결하는 기술이 필요합니다.

프로젝트가 잘되길 바라는 팀장의 마음을 읽어주고,

기분 나쁘지 않게 회의 안건으로 돌아올 수 있도록 지혜롭게 경청해주세요.

마음이라는 것

당신의 마음은 어디에 있나요?
머리? 당신의 생각이 마음을 조정하니까.
가슴? 당신이 감정이 마음을 흔들어대니까.
입술? 당신의 말이 마음을 끌어내니까.
손발? 당신의 손발이 마음을 완성하니까.

그러고 보니 마음을 쓴다는 것,
누군가와 마음을 나누고 싶다는 것은
그 사람의 생각을 살피려 하고,
그 사람의 감정을 느끼려 하고,
그 사람의 언어를 담으려 하고,
그 사람의 행동을 기다려주는 것이네요.

이렇게 할 일이 많으니,
대화할 때 이것만 기억해도
말을 좀 덜 할 수 있겠어요.

그러니까 외롭지요

아빠는 평생을
"니 어미가 아빠 속을 모르니 외롭다."
엄마는 평생을
"니 아빠가 엄마 속을 썩이니 외롭다."

그런데…

평소에는 서로 말하지 않고,
싸울 때는 서로 듣지 않아요.
그러니까 평생 외로운 것 아닐까요?

이번 보고서는 제대로 한번 써보고 싶어서

너무 많은 자료를 담았다가 오히려 낭패를 본 후배.

진짜 잘해보고 싶었던 마음을 안다면

"생각 좀 하면서 일해"라고 타박부터 할 수 있을까요?

이번에는 탑을 아주 높게 쌓아서 엄마에게 자랑하고 싶어

욕심을 내다 와르르 무너뜨린 아이.

진짜 잘해보고 싶었던 마음을 안다면

"일거리 좀 그만 만들어"라고 인상부터 쓸 수 있을까요?

이번 아내 생일에는 깜짝 놀라게 해주겠노라

서툰 감각으로 선물을 고른 남편.

진짜 잘해보고 싶었던 마음을 안다면

"안 하던 짓 하지 말고 현금으로 주시죠"라고 할 수 있을까요?

당신은 무엇부터 보입니까?

서툰 보고서 vs. 정보를 제대로 전하고 싶은 마음

엉망이 된 방 vs. 엄마에게 칭찬받고 싶은 마음

센스 없는 선물 vs. 아내에게 미안함을 전하고 싶은 마음

현상 이전에 존재한 본질을 보는 눈.
그것이 당신을 진짜로 만들어갑니다.

친구라고 부른 지 벌써 15년이 넘어가는 벗이 있습니다.

제가 얼마나 하소연이 많은 사람이었는지,

그런데 어떻게 타인의 이야기를 들어주는 사람으로 변해가는지를 지켜보며

신기해하는 한 사람이기도 하지요.

소주 한잔 걸친 어느 날,

늘 말이 많던 제가 말을 줄이고 들을 수 있는 사람이 되어가자

친구가 말하더군요.

"야, 그렇게 주야장천 들어주면 네 얘기는 도대체 언제 하냐?

친구야, 네가 정말 힘들 때 나한테 딱 이 말만 해.

'1시간만 내 얘기 들어줘'라고.

다른 사람은 몰라도 네가 그렇게 말하면

잔소리 안 하고, 군말 안 하고, 입 딱 닫고 네 말 들을게."

친구가 기억할지 모르겠지만

그 말만으로도 참 힘이 되더군요.

1시간 말하기 쿠폰.

사람 때문에 퍽퍽한 어느 날,

유용하게 써봐야겠습니다.

학창 시절에 국어 100점 받아본 적 있으세요?
밤낮으로 공부해도 쉽지 않습니다.

그런데 왜 당신의 말은 상대가 헷갈리지 않고
모두 알아들을 거라고 생각하시나요?
그런데 왜 당신은 상대의 말을 오해하지 않고
모두 이해했다고 생각하시나요?

우리말, 어렵습니다.
내가 한 말이 잘 전달되었는지
상대가 무엇을 이해하게 되었는지
확인하고 또 확인하세요.

"왜 이렇게 집에 전화를 안 하니?"
"아, 요즘 회사 일이 바빠서 정신이 없어요."

"요즘 많이 바쁜 것 같은데 몸은 괜찮니?"
"네, 제가 전화를 통 못 드렸네요."

당신이 듣고 싶은 말,
원망해서는 들을 수 없습니다.
당신이 원망하고 싶은 말
그것을 참아야 들을 수 있게 됩니다.

의도를 갖고 배회하기

이야기 치료라는 학문에서는 이야기를 들을 때
의도를 갖고 배회하기(loitering with intent)를 한대요.

상대가 자신의 이야기를 생생하게 들려줄 수 있도록,
말을 하면서 그 순간으로 돌아가 시간여행을 할 수 있도록,
더 감각적으로 말하고 육감적으로 느끼도록,
상황과 경험을 자세히 묘사할 수 있게 질문하고 듣는 거래요.

더 천천히,
아는 듯 모르는 듯,
재미있는 옛날이야기 꾸러미를 풀어놓듯이 말이에요.

그러다 보면 자신도 모르게 켜켜이 쌓아둔
정리되지 않은 기억들이 제자리를 찾아가고
떠돌던 미완성 이야기들이 완결되어가지요.

그러니까 당신의 대화 주제가 사람의 마음이라면
이렇게 말해주세요.

"더 자세히 이야기해줄래?"

"그때 어떤 일이 있었는지 구체적으로 알고 싶어."

때로는 일자로 난 길이 아니라 돌고 도는 길에서
더 아름다운 생명을 발견하는 법입니다.

소통을 다루는 프로그램에서

30년을 함께한 부부들을 초대했습니다.

그리고 질문했지요. "서로 얼마나 통한다고 생각하세요?"

"그래도 한 30년 살았는데, 얼추 알지 않을까요?"

"그래도 매일같이 한 이불 덮었는데 그 속 모르겠어요?"

제작진은 부부끼리 사용하는 몇 개의 대화 문장을 주고,

밑줄 친 문장이 어떤 의미로 사용된 것 같은지를

보기에서 선택하는 시험지를 내주었습니다.

예를 들면 이런 거죠.

"여보, 우리 이번 주에 여행가기로 했는데 회사에 일이 생겨서

나가봐야 할 것 같아. 어쩌지?"

<u>"응, 알았어요."</u>

1) 화가 나서

2) 아무런 감정 없이

3) 진심으로 이해해서

<u>"여보, 오늘 일찍 들어와."</u>

1) 일상적인 날에 하는 말투로

2) 특별한 날을 기념하자는 의미로

3) 만날 늦는 남편에게 좀 일찍 들어오라는 의미로

총 열 문제를 풀고 나서 채점을 시작합니다.

남편에게 먼저 묻습니다.

"부인이 몇 개 맞힐 것 같으세요?"

"그래도 일곱 개는 맞히지 않을까요?"

먼저 남편이 어떤 답을 적었는지를 불러가며 부부의 일치도를 확인해보았습니다.

1번에 3번, 2번에 1번….

채점을 하던 부인이 자꾸만 웃습니다.

시험지를 가리면서 부끄러워하는 것 같더군요.

"몇 개 맞히셨어요?"

"세 개요."

남편 얼굴이 일그러집니다.

"서운하세요?"

"아니, 뭐 서운할 것까지는 없지만. 그래도 30년인데….."

이미 얼굴에는 서운함이 가득합니다.

그러면 이번에는 역할을 바꾸어볼까요?

다른 부부를 대상으로 부인의 답을 남편이 얼마나 맞혔는지 봅니다.

"몇 개 맞히셨어요?"

"하하하. 저도 세 개요."

오히려 그날 처음 대면한 낯선 이는 일곱 개를 맞혔습니다.

잘 모르니까 상대의 분위기를 더 살피고,

자주 사용하는 어휘와 말투를 유심히 듣고,

숨어 있는 의미를 깊이 생각한 덕분이겠지요.

우리는 가까운 사람들이니까 더 잘 안다고 생각합니다.

그 속에 열두 번도 더 들어갔다 나왔다고 하잖아요.

그런데 정말 그럴까요?

잘 모른다고 생각해야 노력이라도 하게 됩니다.

그러니까 잘 모른다 생각하세요.

어릴 적 엄마는 제가 울 때마다 말했습니다.
"뚝, 괜찮아. 울지 마."
다 커서도 제가 울 때마다 친구들은 말했습니다.
"울지 마, 괜찮을 거야."

너무 빨리 울지 말라고 위로하지 않았으면 좋겠습니다.
오죽하면 울겠냐고,
점점 울 곳이 없어져 가는 세상
내 앞에서라도 맘껏 울라고 그냥 두면 어떨까요.

"슬프구나, 엄마가 안아줄 테니 마음껏 울어."
"힘들었구나. 실컷 울 때까지 곁에 있을게."

성급한 위로는 감정 표현을 주저하게 합니다.
'괜찮다'고 말해버리면 더 울 수 없게 되고요.

눈물을 타고 흐르는 복잡미묘한 감정들을
억지로 추스르지 않도록

시간을 두고 기다려주세요.

와락 터진 눈물을 자신의 힘으로 거둘 수 있을 때까지요.

마음이 무너질 때는

당신의 말로 괜찮아지는 것이 아니라

스스로 탈탈 털어내고 나야 괜찮아지는 겁니다.

"다 사랑하니까 그런 거죠."
"걱정이 돼서 그런 말도 하는 거죠."

사랑하는 사람들을 위해서 한 일이
오히려 그 문제를 '강화'하는 경우를 자주 봅니다.

엄마의 잔소리가 아빠를 더 외롭게 하고
외로움을 대신할 술을 찾아다니게 했던 것처럼요.
때로는 당신이 그 말과 행동을 멈추는 것만으로도
괜찮은 결과가 만들어지기도 한답니다.

더 하지 말고
그냥 멈추세요.
관계에서는 덧셈만큼 뺄셈도 잘 써야 합니다.

자동보다 수동이 필요할 때

입술은 자동 장치고
마음은 수동 장치예요.

마음은 움직이지도 않았는데
입술은 벌써 작동하고 있거든요.

그래서 이런 마음 아닌데
나는 벌써 떠들고 있고요.
이렇게 말하려던 게 아닌데
말은 습관처럼 이미 앞서고 있죠.

조금 번거로워도
자동보다 수동이 필요할 때가 있는 것 같습니다.

몇 년째 인연을 이어가고 있는 후배가 있습니다.

같은 일을 하고 있어서 서로 큰 힘이 되어주곤 했지요.

그런데 가만 보니,

그 후배가 몇 년째 같은 고민을 말하고 있다는 생각이 듭니다.

"어떻게 하면 저만의 전문성을 가질 수 있을까요?"

그때마다 선배로서 역할을 다하겠다고

엄청나게 잔소리를 해댔습니다.

동료로서 도움을 주겠다고 정보와 지식을 퍼부었습니다.

그러면 후배는 "네, 좋은 말씀 고마워요. 많은 도움이 되었어요"

라며 전화를 끊습니다.

그러고 나면 은근히 뿌듯합니다. 괜찮은 역할을 한 것 같아서요.

하지만 조금 지나면,

비슷한 문제로 고민 중이라며 또 전화가 걸려옵니다.

그땐 왜 몰랐을까요?

후배에게 필요한 것이

지금까지 얼마나 잘해왔냐며 격려하는 것,

네가 하는 고민은 아주 자연스러운 과정이라고 위로해주는 것,
오히려 성장의 때가 온 것 아니냐며 축하해주는 것임을
왜 진작 몰랐을까요.

이럴 때는 외국어 번역기 말고
마음 번역기 같은 게 있으면 딱 좋겠다 싶습니다.

어차피 변할 사람은 그냥 두어도 스스로 알아서 변합니다.
누군가 해주는 몇 마디 말로 변하는 것이 아닙니다.
또 후배에게 전화가 와서 같은 고민을 이야기한다면
그때는 격려 먼저 하는 것, 잊지 않아야겠습니다.

"그동안, 열심히 살았구나. 수고했네."

아동심리 전문가가 쓴 글에 이런 말이 있더라고요.
아이들이 이유 없이 떼를 쓸 때가 있는데,
이때는 더 사랑받고 싶은 날이라고요.
그러니까 떼쓰는 이유를 따져 묻기보다는
그냥 꼬옥 안아주는 것이
현명한 부모의 양육 방법이라고요.

그런데 이거 아이들에게만 해당하는 말은 아닌 것 같습니다.
다 큰 어른도 이유 없이 생떼를 쓰고 싶은 날이 있습니다.
'어디 한 놈 걸리기만 해봐라' 하면서
악을 쓰고 싶은 날이 있습니다.

만약 그때 운 없이 당신이 걸렸다면,
아무것도 안 했는데 괜히 당신에게 짜증 내고 심통을 부린다면,
딱 한 번만 눈감아줄까요?
그것이 습관만 아니라면,
매일 버릇처럼 무례하게 구는 것이 아니라면
특별히 사랑이 더 필요한 날이라고 생각하고

우리 서로 한 번씩만 응석을 받아주기로 해요.

"오늘 많이 힘들었구나."
"그동안 지쳤구나"라고 토닥여주어요.

그 시간만 지나면
미안해지고 고마움을 느끼는 사람은
떼쓴 당사자일 테니까요.

내 일처럼 생각해서 조언했더니
상대가 듣는 둥 마는 둥이라 서운한가요?
그의 마음이 잠잠해질 때까지 지켜봐 주세요.
속이 너무 시끄러워 밖의 말은 들리지 않을 수 있으니까요.

진심으로 충고했는데
상대가 몰라주는 것 같아 속상한가요?
그의 마음이 무르익을 때까지 기다려주세요.
같은 말도 마음이 자랄수록 다르게 들리니까요.

생각해보니 어릴 적 할머니는 종종 말씀하셨습니다.
다 때가 있다고 말이지요.

사람과 사람 간의 관계는 직선형이 아니라 순환형입니다.

그러니까 '잔소리 많은 엄마가 자녀의 문제 행동을 만든다'와
같이

'A→B→C'의 일방적인 관계가 아니라,

'잔소리 많은 엄마가 자녀의 문제 행동을 만들고,

또 자녀의 문제 행동이 엄마의 더 많은 잔소리를 불러온다'와
같이

'A→B→C→A'로 돌고 도는 관계인 거지요.

왜 내가 먼저 이해하고 소통해야 하냐고요?

절반쯤은 나의 책임도 있기에

먼저 깨달은 사람이 시작하는 것뿐입니다.

초등학교 5학년 때쯤인가.

그때는 집안 형편이 너무 어려워서

'아, 내일 또 준비물을 사 오라면 어쩌지?'

걱정하던 날이 많았어요.

그런 제가 어쩌다 학급 반장을 했더랬지요.

아이들이 수근거렸습니다.

"왜 우리 반 반장은 아이스크림도 안 돌려?"

"무슨 반장이 저러냐?"

"옆 반은 햄버거 돌렸대. 비교되지 않냐?"

대응할 힘이 없었던 저는 못 들은 척했지만,

20년이 훨씬 넘은 지금도 그 말을 잊을 수가 없습니다.

아마 그때의 친구들은 기억조차 못 하겠지요.

당신이 무심코 흘린 그 말이

한 사람의 마음에 늙지도 않고 살아남아 있다면 어떨까요?

그 말을 들춰볼 때마다 곰팡이 같은 아픔이 피어오른다면요.

사람은 잊히지만, 말은 기억됩니다.
사람은 흘러가지만, 말은 남습니다.

말에 유통기한이 있다면 썩기라도 할 텐데
버리지도 못하고 처치 곤란입니다.

"공부하라고 백번을 말해도 안 들어요. 아주 속이 터져요."
"그 인간은 백번을 말해도 안 통해요. 들은 척도 안 해요."
백번을 말해도 안 되는 거면
말로는 안 되는 것 아닐까요?
말로 안 되는 것인데 말로 승부하려고 하지 마세요.
괜히 나만 지치고, 상대의 기억에는 아픈 말만 남아서
당신에게 원망이 돌아올지 몰라요.

오늘도 아들은 "물건 던지면 안 돼요"
백번 말해도 듣지 않고
물건을 던지고 또 던져댑니다.
이것도 말로는 안 되는 것이겠지요.

엄마 마음을 알아줄 때까지
자연스럽게 좋아질 때까지
그것이 더는 재미없어질 때까지
기다려주고 더 안아주어야 하겠지요.

우리, 다른 건 몰라도

소중한 사람들과의 관계를

너무 말에만 의지해서 바꾸려 들지는 말기로 해요.

분명 사귐을 위한 대화 자리인데
시시비비를 가려야 속이 시원한 사람이 있습니다.
분명 결론을 내야 하는 자리인데
희희낙락 좋은 게 좋다는 사람이 있습니다.
분명 공유를 위한 자리인데
사사건건 딴지 걸고 비난을 해대는 사람이 있습니다.

친해지기 위한 자리라면 더 많이 웃고, 듣고, 칭찬하면 됩니다.
결론을 내야 하는 자리라면 질문하고 평가해서 선택하면 됩니다.
나눔을 위한 자리라면 설명하고 궁금한 점을 확인하면 됩니다.

"나 원래 이런 사람이야!"
당신의 스타일만 고집하지 말고,
대화하는 목적을 생각해보세요.
목적에 맞지 않는 대화를 하는 사람은 무리에서 소외됩니다.
당신만 모를 뿐
이미 분위기 파악 못 하는, 불편한 사람으로 낙인 찍혔거든요.

공격수와 수비수

"말을 잘하는 것이 더 중요할까요, 듣기부터 잘해야 할까요?"
한 신사분이 묻습니다.

말하기는 공격수, 듣기는 수비수라고 해두지요.
골을 넣어야 할 때는 공격수가,
상대가 공을 몰고 들어올 때는 수비수가 더 중요해지지요.

둘 다 잘해야 하는데 공격수 훈련만 하게 될까
그게 걱정입니다.

아이의 마음을 치유하려는 노력 중에서
'부모와의 특별 데이트'라는 게 있습니다.
몇 가지 룰이 있는데, 방법은 이렇습니다.

- 15분 동안만 하기
- 정해진 시간에는 다른 생각 하지 않고 전념하기
- 한 부모(엄마나 아빠 중 한 사람)와 한 자녀랑만 만나기
- 휴대전화 쳐다보지 않기
- 자녀의 감정이 이끄는 대로 따라가기
- TV 시청하지 않기
- 화려한 장난감 사지 않기, 놀이공원 가지 않기

살펴보니 다 아이만 바라보자는 이야기입니다.

생각해보면, 아이의 마음이 저리도 아프기 전에
하루 딱 15분만 아이에게 집중했으면 될 일이었습니다.
텔레비전 끄고, 휴대전화 치우고, 무엇인가 가르치려 들지 않고
그저 아이가 하고 싶은 대로 따라갔다면 될 일이었습니다.

15분이면 됩니다.

15분.

시간이 없어서가 아니라,

당신의 마음이 바빠서 아니겠어요?

아들을 어린이집에 보내야 하는데 세상이 시끄러워 조심스럽습니다.

마음에 찜해둔 두 곳의 원장님과 상담해본 후 결정할 작정입니다.

A 어린이집. 사실 1순위로 마음에 둔 곳입니다.

원장님을 만났습니다.

"아직 결정을 못 했어요. 오늘 상담해보고 다음 달부터 보내고 싶어서요."

"그러세요, 어머니. 저희 어린이집은 현재 원아가 ○명이고요. 선생님은 각 반에 ○명, 통원버스 ○대, 버스 운행해주시는 실장님 ○분 계세요. 선생님들은 모두 자격증을 갖춘 분들이에요. 특히 영아반 아이들은…."

A 어린이집이 얼마나 괜찮은 곳인지에 대해서 그 후로 10분을 더 설명 들었습니다.

뭔가 많이 듣고 홍보용 인쇄물을 잔뜩 들고 오기는 했는데, 확신이 서지 않습니다.

B 어린이집. 반신반의하면서 들어섰습니다.

원장님을 만났습니다.

"어머니, 첫아이라 어린이집 보내기 걱정되시죠? 가장 염려되는 부분이 뭐예요?"

"아무래도 선생님이 중요한 것 같아요. 아직 어리니까요."

"그러시죠. 영아반 아이들은 프로그램이 얼마나 다양한지도 중요하지만, 선생님과의 유대가 가장 중요한 것 같아요. 제가 어떤 부분을 더 설명해드리면 도움이 되시겠어요?"

"선생님을 어떤 기준에서 채용하시는지 알고 싶어요. 따뜻하고 부드러운 선생님이었으면 하고요."

원장님은 그렇게 몇 가지 질문을 더 하셨고,
자신이 어린이집 시설보다 엄마의 걱정과 염려에 관심이 더 많은 또 한 명의 엄마임을 보여주었습니다.

제가 어떤 어린이집에 보냈을지 아시겠지요?
그런 장면에서 누가 더 많이 말하게 해야 하는지
A 어린이집 원장님은 아직 모르시는 것 같았어요.

당신은 마술을 볼 때

"우와, 신기하다! 재밌다!" 하면서 순간을 즐기는 사람인가요,

"저 뒤에 뭐가 있겠지!" 하면서 장면을 놓치는 사람인가요?

당신은 친구에게 좋은 일이 생겼을 때

"우와! 잘했어! 축하해!" 하면서 함께 기뻐하는 사람인가요,

"그럴 리가 없는데…. 운이 좋았군" 하면서 의심하는 사람인가요?

친구와의 관계가

마술이 될지, 술수에 그칠지는

당신이 어떤 친구인지에 따라 정해지지 않을까요.

퇴근한 신랑과 오랜만에 식탁에 마주 앉았습니다.

말없이 한 그릇을 비워내는 신랑 앞에서

저 혼자 종알종알 말이 많습니다.

"여보, 오늘 새로운 강의가 있었는데 처음에는 좀 긴장했지만…, 좋은 경험이었어요."

"그래서?"

"그래서? 아니 그렇다고."

"문제는 없었어?"

"문제? 아니 좋았다고 말하는 건데…?"

왜 반응이 그러냐며 볼멘소리를 하고 싶었지만 꾹 참고 신랑에게 다가갔습니다.

뺨을 토닥토닥하면서 한마디 해주었어요.

"여보, 돌아와요. 여기 집이에요. 회의실이 아니라고요."

신랑도 당황스러운지 허허 웃습니다.

"그래서? 문제는 없었고? 어떻게 할 건데?"

품질관리 일을 하는 신랑으로서는 평소 자주 사용하는 언어입니다.

그러나 이런 말은 관계를 맺는 데는 그리 적합하지 않습니다.

"그래서?" 대신에 "그랬구나",

"문제는 없어?" 대신에 "어떤 점이 가장 좋았는데?",

"어떻게 할 건데?" 대신에 "앞으로 더 해보고 싶은 것은 뭐야?"가 관계를 단단히 만드는 언어입니다.

신랑의 심보를 탓하면 안 됩니다.

12시간 동안 몸담았던 공간에서 벗어나

장면을 전환할 시간이 필요한 것뿐입니다.

그 후로 우리는 신랑이 지나치게 문제 발견 언어나 문제 해결 표현을 사용할 때는

"돌아와, 돌아와"라고 장난을 칩니다.

그러면 신랑도 금방 알아듣고

"어, 미안"이라고 화답하지요.

문제 개선의 언어가 필요할 때는 분명 따로 있습니다.

그러나 사랑하는 가족을 만나고, 그리운 친구들을 만날 때는 장면전환을 하세요.

홀홀 털어버리는 의식도 좋고,

잠시 한숨 돌릴 시간을 가져도 좋아요.

당신이 전에 머문 장소의 기운과 에너지로 대화하지 마세요.

집에서도 외로워져요.

3장

말하지 않으면 모르는 것들

"사람들이 힘들다고 이야기할 때

무슨 말을 해줘야 할지 모르겠어요."

자신에게 고민을 털어놓는 동료나 친구, 가족에게

어떻게 반응해야 할지 모르겠다는 사람이 있었습니다.

그래서 물었습니다.

"뭔가 말하는 게 주저되는 이유가 무엇인가요?"

성급하게 조언하기도 조심스럽고,

그냥 위로하자니 도움이 되는 것 같지 않아서

그냥 쭈뼛거리게만 된다고 하더군요.

"그럼, 저에게 말한 대로 말씀하시면 어떨까요?"

"네?"

"너의 말을 들으니, 성급하게 조언하기도 조심스럽고,

위로하자니 도움이 되지 않을까 걱정돼.

그래서 어떤 말을 해야 할지 모르겠어"라고요.

우리는 누군가에게 도움을 주기 위해 무엇인가를 하려고 합니다.

도움이 되는 사람, 문제를 해결해주는 사람이

괜찮은 사람이라고 생각하기 때문이지요.

그러나 어쩌면 우리에겐

마음을 고백할 줄 아는 사람이 더 필요할지도 몰라요.

잘 말하는 것보다 잘 느끼는 사람이요.

어떻게 말할지 모르겠어도 좋습니다.

어떻게 말할지 모르겠노라고 고백하면 되니까요.

아무것도 하지 않지만 존재만으로도 기특한 나이는

세 살 정도면 끝나는 것 같습니다.

이후부터는 목표와 과제가 주어지고

잘하면 더 이쁨받고, 부족하면 덜 이쁨받는

치열한 삶을 살게 되지요.

그래서 나이가 들수록

누군가에게 조건 없이 받아들여지는 경험을 하기가 어려워집

니다.

상담에서 중요하게 생각하는 상담자의 역할 중에는

'수용적인 보살핌(caring acceptance)'이라는 개념이 있습니다.

상담실에서 만나는 사람에게 그 공간에서만큼은

'~하면 착한 사람이다, 좋은 사람이다'

하는 잣대를 들이대지 않고

자신을 특별한 존재로 느끼도록

아무 조건 없이 존중해주는 거지요.

그 안에서 마음이 아픈 사람들은 '적절하다는 느낌'을 배워갑니다.

적절하다는 느낌이란,

'나도 괜찮은 사람이고, 제대로 기능하는 사람이구나'라고

느끼게 되는 감정입니다.

그 안에서 과거에 차별받고 소외당했던 상처가 치유되고,

있는 그대로의 받아들여짐을 경험하게 됩니다.

그리고 그 힘으로 새로운 생각과 감정을 만들어

세상으로 다시 나아가게 됩니다.

늘 하는 이야기지만

우리 삶에 그런 사람 한 명만 있다면,

있는 그대로 안아줄 수 있는 가족, 친구, 동료 한 사람만 있다면

마음 곯을 일 없습니다.

돈 주고 상담실 드나들 이유가 없습니다.

가까이 있는 사람들 마음 좀 챙겨주세요.

차별받고 소외당하는 우리 어른들 마음 좀 안아주세요.

누가 뭐래도 너라는 사람은 딱 한 사람

당신뿐이라고 말해주세요.

"미안해"라고 말할 용기

"미안해"라고 말하면 꼭 잘못한 것 같은 기분이 듭니다.
"미안해"라고 말하면 꼭 진 것 같은 느낌이 듭니다.
"미안해"라고 말하면 꼭 실수를 인정하는 것 같은 생각이 듭니다.

그래서 "미안해"라고 말하기 어려워집니다.
자존심 상하니까요.

그럼에도 누군가 "미안해"라고 말하거든
무조건 "그렇게 말해줘서 고마워"라고 말해주세요.
"뭐가 미안한데?"라고 따져 묻지 말고요.
당신도 못 한 말,
그 사람이 겨우겨우 용기 낸 거잖아요.

"미안하다고 하는데, 그렇게까지 해야 해?"라고
상대가 도리어 화를 낸다면, 그건 부끄럽기 때문이에요.
두 번 자존심 상하기는 싫으니까요.

소통에 대한 주제로 강의를 하던 중이었습니다.

한 남성분이 손을 들어 농담 섞인 질문을 던집니다.

"아니, 강사님 여자랑 소통하려면 도대체 어떻게 장단을 맞추어야 합니까?"

그렇게 질문하는 사연을 좀 설명해달라고 했습니다.

한창 일을 하는데, 여자친구한테 문자가 왔답니다.

"자기야~ 오늘 너무 꿀꿀하다. 피곤해서 그냥 집에 가서 쉴까 했는데. 자기 만나면 기분이 훨씬 좋아질 것 같아. 우리 오늘 저녁에 만나서 영화 볼까? 보고 싶은 영화 있었는데, 내가 예약할게~♡♡"

"그래서 뭐라고 답하셨어요?"

"'콜!'이라고 했죠. 그랬더니 바로 회신이 오더라고요. '됐어. 싫으면 관둬'라고요."

몹시 당황스럽다는 표정입니다.

"아 도대체 뭐가 문제입니까? 저도 영화 본다고 했잖아요! 알았다고 한 건데, 뭐가 문제죠?"

억울하다는 그의 목소리와 표정을 보면서 우리는 한바탕 웃었습니다.

몇몇 여성분은 이유를 알겠다며 고객을 끄덕였지요.

저는 'TA(Transactional Analysis)'라고 불리는 교류분석 이야기로 답을 대신했습니다.

교류분석에 스트로크(stroke)라는 개념이 있습니다.

자극이라는 뜻이죠.

사람은 누구나 서로 스트로크를 주고받으면서 살아야 하며,

이는 존재의 기본 욕구입니다.

스트로크는 마치 물처럼, 공기처럼,

관계 속에서 내가 살아 있다고, 존재한다고 느끼게 해줍니다.

스트로크에도 종류가 있는데요,

바로 양(quantity), 질(quality), 타이밍(timing)입니다.

이 세 가지 범주가 각각 어느 정도 충족되는가에 따라서 만족감이 달라지고,

자연스럽게 관계도 다른 모습을 하게 됩니다.

그 사연 속 스트로크가 어땠는지 생각해볼까요?

우선 여자친구가 보낸 문자도 하나의 스트로크입니다.

양적으로 보면 적은 분량의 편지글 수준이고요,

질적인 수준 한번 볼까요?

'자기야' 바로 다음에 '물결' 표시 보이세요? '하트 뿅뿅'도 보이지요?

반면 남자친구는 '콜!'이라고 보냈다는데,

이것은 양도 부족하고, 질도 턱없이 부족합니다.

당연히 여자친구는 자신이 보낸 스트로크보다 양도 질도 부족한 스트로크를 받으면서

'나에게 관심이 없구나, 내 제안에 흥미가 없는 거야'라고 생각할 수밖에 없습니다.

"응~~ 잘됐다! 우리 같이 영화 보면서 기분전환 하자. 고마워 ♡♡" 정도는 보내줬어야 해요.

그러면 여자친구가 기쁜 마음으로 표를 예매했을 겁니다.

"인생 그렇게 피곤하게 살아야 합니까?"

간혹 묻는 분들이 있어요. 그러면 저는 되묻습니다.

"인생 그렇게 외롭게 살아야 합니까?"

왜 아이들에게 정신적으로 문제가 생길까?

부모들의 이중 메시지 때문이라는 연구 결과가 있습니다.

"사람들에게 상냥하게 굴어야지"라고 말하지만,

정작 엄마의 말투는 상냥하지 않습니다.

"집중해서 공부하라니까"라고 말하지만,

엄마의 불안감이 집중을 방해합니다.

"친구와 사이좋게 지내"라고 말하지만,

엄마 아빠는 매일같이 싸워댑니다.

말과 행동이 다르면 아이들이 헷갈립니다.

'뭐가 진짜지?' 하는 마음을 품게 되니,

기준이 흔들리고 머리와 마음이 어지러워진다는 거지요.

말한 대로 행동하고

행동한 대로 말하세요.

헷갈리지 않게요.

여러 사람과 이야기 나누다 보면 유독
한 번 말할 때 길이가 길고, 길어지다 보니 핵심이 흐려져서
전체의 흐름을 늘어지게 하는 분들이 있어요.
그렇다고 주변에서 대놓고 말해주지도 못하지요.
대개 이런 분들은 전체를 읽어내는 힘이 약해요.

앞으로는 말할 때 전체 대화의 흐름 중에서
당신이 몇 분 정도를 차지하는지를 살펴보세요.
당신이 말할수록 주변 사람들의 얼굴과 분위기가
어떻게 바뀌어가는지 읽어보세요.
당신이 말한 후, 그다음 대화가 어떻게 이어지는지 관찰해보세요.

말이 지나치게 많다는 것은
한마디 말로는 힘이 없다는 뜻이겠지요?
말은 길어지면 피곤하니
줄이고 줄여 힘을 더하세요.
그래야 사람들이 귀를 기울입니다.

오해하지 마세요

당신의 말 한마디에

그 사람이 달라졌다고 생각하세요?

아마도 아닐걸요.

당신의 조언이 옳아서가 아니라

당신의 말이 필요한 시점이었기 때문일걸요.

그 사람이 찾고 있던 말을

당신이 해주었기 때문일걸요.

당신은 사람을 보면
'어떻게'를 먼저 생각하나요, '왜'를 먼저 생각하나요?
어떻게 저 인간을 바꾸지? vs. 왜 저 사람은 이 행동을 반복할까?
어떻게 일을 제대로 시키지? vs. 왜 직원들은 자발적으로 나서서 일하지 않게 된 걸까?
어떻게 가르쳐야 하지? vs. 왜 우리 아들은 공부를 힘들어할까?

'어떻게'가 필요한 순간이 있습니다.
상황을 변화시키고 싶을 때 주로 하게 되는 질문입니다.
이런 질문은 "행동"에 관심을 가집니다.
그러나 '왜'를 먼저 물어야 답이 풀리는 경우가 있습니다.
상대의 관점에서 이해하고 싶을 때 주로 하게 되는 질문입니다.
이것은 "사람"에 대한 호기심이지요.

당신은 어떤 질문을 먼저, 자주 사용하나요?

경북 포항 사람, 시커먼 남동생만 둘을 둔 장남.

저랑 같이 살고 있는 이 무뚝뚝한 남자는 말이 별로 없습니다.

그나마 몇 안 되는 말 용량도 회사에서 전부 쓰고 옵니다.

특히 밥 먹을 때는 절간이 따로 없습니다.

"신랑, 말 좀 해! 밥상에서 가족끼리 오손도손 이야기하면 얼마나 좋아."

달래고 협박해보았자,

40년 버릇을 바꾸기는 쉽지 않아 보입니다.

그래서 방법을 바꾸었습니다.

"신랑, 자기는 어떻게 이 많은 일을 한꺼번에 다 처리해?"

"신랑, 자기가 이번에 시작하는 프로젝트는 어떤 거야?"

한 3년 같이 사니, 신랑을 '말'하게 하는

말 버튼(talk button)을 알겠더라고요.

그 말 버튼을 누르면, 신랑은 수다쟁이 아줌마가 됩니다.

어쩔 땐 괜히 눌렀나 싶을 정도로요.

청소기 돌리는 저를 졸졸 따라다니며 말을 멈추지 않을 때도
있어요.

사람마다 말 지갑의 잔액이 다르고,
말을 경험한 역사도 다르기에
내가 들어줄 테니 억지로 말하라고 해서 되는 일이 아닙니다.
상대의 말 버튼을 먼저 찾으세요.
눌리면 눈빛이 반짝반짝, 입이 근질근질해지는 말 버튼
누구에게나 있습니다.

무슨 회의만 하면 2시간이냐며
이놈의 회사 지긋지긋하다는 후배에게
"성과 있는 회의를 하고 싶은데, 그러지 못하니 답답하구나"라고
말할 줄 아는 선배.

무슨 임원들이 그리 생각이 없냐며
회사 경영을 이렇게 해서 되겠느냐고 펄펄 뛰는 선배에게
"임원들이 소신 있는 경영을 하기 원하는데, 그러지 않으니 화
가 나실 만도 하죠"라고
말할 줄 아는 후배.

무슨 자식이 부모는 안중에도 없고
지 일만 하고 코빼기도 안 비친다며 서운해하는 부모에게
"엄마는 내가 일도 잘하고, 부모도 잘 챙기는 딸이었으면 좋겠
지?"라고
말할 줄 아는 자녀.

무슨 부모가 자식한테 말을 그렇게 하냐며

씩씩거리며 성을 내는 자식에게

"가족에게 격려받고 싶은데 그렇지 못한 거 같아서 속상하구나"라고

말할 줄 아는 부모.

무슨 집안일이 해도 해도 끝이 없냐며

앞으로 손 하나 까딱 안 할 거라고 엄포를 놓는 아내에게

"고생은 고생대로 하는데 우리가 잘 모르는 것 같아서 서운했지?"라고

말할 줄 아는 남편.

그런 말 할 줄 아는 날을 꿈꿉니다.

어릴 적 문제집 풀 때, 맞는 짝을 선으로 연결짓는 문제 많이 보셨죠?

A의 각 상황과 B에 적힌 감정들 중에서 서로 잘 어울리는 짝은 무엇일까요?

선으로 연결해보세요.

A

- 프레젠테이션에서 작은 실수를 했다며 면박을 주는 선배에게 느낄 수 있는 감정은

- 설명해주었는데도 후배가 실수했을 때 느낄 수 있는 감정은

- 아이가 엄마 말 안 듣고 빙글빙글 돌다가 문에 쾅! 부딪혔을 때 느낄 수 있는 감정은

- 신랑이 청소하겠다고 약속해놓고 또 하지 않았을 때 느낄 수 있는 감정은

- 친구가 비밀로 한다고 해놓고 다른 사람에게 말했을 때 느낄 수 있는 감정은

B

- 당혹스러움
- 실망감
- 속상함
- 안타까움
- 서운함

정답은 없어요.

감정이라는 색깔은 이렇게 다양한데,

사람들은 왜 모두 '화'가 난 거라고 표현하는 걸까요?

당혹스러워도 화내고, 실망해도 화내고, 속상해도 화내고.

그러니까 결국 당신도 나도 억울해지는 것 아닐까요.

상황에 맞는 감정으로 표현하세요.

당신의 마음을 더 잘 담아낼 수 있게요.

　어머니, "이름만 들어도 눈물이 나요. 정말 고생 많이 하셨지요."
　어머니, "그 이름 듣고 싶지도 않아요. 우리에게 한 짓을 생각하면 이가 갈려요."
　어머니, "글쎄요. 특별한 감정이 느껴지지 않는데요?"

　어머니라는 한 단어에 스며 있는 감정과 기억은 저마다 다릅니다.
　그래서 활용법도 제각각이지요.

　우리는 같은 말을 쓰고 있는 것 같지만,
　다른 현실을 살고 있습니다.
　내가 사용한 말의 의미가
　상대에게도 같을 거라 추측하지 마세요.
　그의 역사가 만들어낸 단어는
　그만의 것으로 재정의되어 있으니까요.

　그러니까
　"너는 감정이 어때?"

"너는 어떤 생각이 들어?"

"그것은 너한테 어떤 의미야?"라고

궁금해하면서 듣지 않으면 대화가 될 수 없지요.

'나랑 같겠지. 이 정도쯤 되겠지'라고 생각하는 순간,

불통되기 딱 좋습니다.

"선배님, 그 사람 엄청 이기적이래요. 별로 실력도 없으면서 자기 일만 챙기고, 같이하는 작업들은 거의 나 몰라라 한대요. 아주 평이 안 좋더라고요."

"그랬구나. 이기적이라고 느꼈나 보네."

"얘기 들어보니까 아주 장난 아니더라고요."

"그래, 너는 그 얘기를 들으면서 어떤 생각을 했는데?"

"글쎄요…. 근데 그 말을 전해준 사람…, 어디 가서 제 얘기 하고 다니는 것은 아닐까요?"

말은 돌고 돕니다.
세상에서 가장 쉬운 거짓말.
"이거 비밀이야, 너한테만 말하는 건데…."
"아무한테도 얘기하지 않을게. 나한테만 말해봐…."

누군가 남의 이야기를 너무 쉽게 한다면
그 사람, 당신의 이야기도 아주 쉽게 할 가능성이 커요.
그러니까
"진짜 웃긴 애네! 앞으로 상대를 하지 말아야지."

같이 동요하면서 욕하지 마세요.
"진짜? 어쩐지. 걔 그럴 줄 알았어. 지난번에는 말이야…."
한술 더 뜨지도 마세요.

그렇게 말하는 상대의 마음만 읽어주시면 됩니다.
"그렇게 말하는 걸 보니, 너 진짜 기분 나빴구나!"
"이기적이라고 생각할 만도 했네."

남 말 하기 좋아하는 사람들의 덫에 걸려들지 마세요.
다음은 당신 차례가 될 거예요.

"말해서 뭐해요. 괜히 싸움만 될 텐데."
"그냥 참아요. 그러면 큰 소리는 나지 않으니까요."

화가 나도, 서운해도, 마음이 상해도
참고 만다는 사람들이 있습니다.
그런데 문제는 이런 경험들이 쌓이면
상대에게 감정 채무가 있다고 생각하게 된다는 거지요.
상대가 빚진 감정을 보상해주거나 갚지 않으면
나중에 꼭 폭발합니다.
"내가 너한테 어떻게 했는데!"

그러나 상대는 알지 못합니다.
그사이 당신이 마이너스 잔액 때문에 얼마나 힘들었는지
알 길이 없지요.
가까운 사이에 돈을 꿔주면
자칫 관계까지 힘들어진다고 하잖아요.
그래서 그냥 줄 수 있는 돈만큼을 주고,
받을 생각 하지 말라고 하는 거잖아요.

말도, 감정도 마찬가지예요.

나중에 억울해하지 않을 만큼만 참으세요.

본전 생각이 날 것 같으면

"그런 말을 들으니 속상해",

"그렇게 말하니까 서운해"라고 말하세요.

알려주어야 상대도

감정 채무를 정산할 기회를 가질 수 있습니다.

어느 날 갑자기 폭발하면 당신만 이상한 사람 되고 말아요.

달을 따다 주세요

  어느 작고 아름다운 왕국에 왕과 그가 아끼는 다섯 살짜리 공주가 살고 있었습니다.

  왕은 공주를 무척 사랑했기 때문에 그녀가 부탁하는 것은 무엇이든 해주었습니다.

  어느 날 공주는 하늘의 달이 가지고 싶다고, 달을 따다 달라고 조르기 시작했습니다.

  달이 너무 멀리 있어서 딸 수 없다고 설명해주었지만, 공주는 막무가내였습니다.

  그래서 훌륭한 천문학자와 과학자를 불러 모아 다섯 살짜리가 이해할 수 있는 수준으로 달을 딸 수 없는 이유를 설명해주었습니다. 그러나 공주는 쉽게 포기하지 않았습니다.

  어느 날 어릿광대가 왕을 찾아와 공주를 만나보겠다고 합니다.

광대: 공주님! 달은 어떻게 생겼나요?

공주: 동그랗게 생겼지.

광대: 그러면 얼마나 큰가요?

공주: 바보, 그것도 몰라? 내 손톱만 해. 손톱으로 가려지잖아.

광대: 그러면 달은 어떤 색이지요?

공주: 황금빛이 나지!

광대: 알겠어요. 공주님 제가 얼른 가서 달을 따올게요!

광대는 손톱만 하고 동그란 황금 구슬을 만들어서 공주에게 주었고, 공주는 무척 기뻐하며 말했습니다.

"그래, 바로 이거야! 달은 하늘에도 있고, 호수에도 있고, 여기 내 손에도 있지!"

어릴 적 동화입니다.

달이라고 같은 달이 아닙니다.

왕이 보는 달, 과학자가 보는 달, 공주가 보는 달이 모두 달라요.

상대가 달이라고 말한다고,

내가 생각하는 달로 넘겨짚지 마세요.

그러면 이견을 좁히기 어렵습니다. 고집을 꺾기 어렵습니다.

호기심을 가지고 질문하세요.

"나는 아무것도 몰라요. 오직 당신만 알고 있지요."

이런 마음으로 묻기부터 하세요.

통하였느냐?

중견기업의 임원 대상으로 강의를 하러 가는 길입니다.

이동 중에 담당자가 말하더군요.

"저희 임원들이 좀 기가 세요. 거칠기도 하시고요.

잘 신경 써주세요."

강의를 시작하려는데 한 분이 큰 소리로 외칩니다.

"강사님! 심리학자랑 점쟁이는 뭐가 다릅니까?"

순간 어떻게 대답해야 저분과 '통'할 수 있을까? 생각했습니다.

일부러 큰 소리를 내서 짓궂은 질문을 하는 저 마음,

무엇일까요?

"작두를 탈 수 있느냐, 없느냐 아닐까요?"

"하하하. 맞네, 맞네."

듣고 있던 분들의 웃음이 터졌습니다.

답이 마음에 들었던지 강의도 활기차게 진행되었습니다.

담당자는 연신 고맙다고 인사를 하셨지요.

논리적으로 잘 설명한다고 소통이 되진 않습니다.

상대가 유머를 원하면 그것에 맞추면 됩니다.

말보다, 그 사람을 먼저 보면 됩니다.

남자는 여자를 이해할 수 없고
여자는 남자를 알 수 없습니다.

연구하는 심정으로 낯선 남자와 몇 년 살다 보니
과학적 이론들이 현실로 일어나더라고요.

남자: 여보, 그거 냉장고에 없는데요?
여자: 아, 또! 여기 있잖아요!
남자: 이상하다. 분명히 없었는데….
남자는 원하는 목표는 잘 보지만,
상황과 주변을 파악하는 데 약합니다.

여자: 여보, 지금 하는 일 끝나면 분리수거 좀 해줘요.
남자: 응.
여자: 여보, 이거 아직도 안 했어요?
남자는 동시다발적인 일이 어렵습니다.
무의식적으로 대답한 것뿐이죠.

남자: 여보, 이거 무선조종 자동차 살까요?

여자: 오늘은 아들 장난감 사러 왔거든요! 안 돼요.

남자: 아, 재미있을 것 같은데….

남자는 어른이 되어도

움직이는 것, 속도를 내는 것에 열광합니다.

여자: 여보, 나 몸이 좀 안 좋아요. 무리했나 봐.

남자: 병원에 가자.

여자: 아니 병원까지는 아니고….

남자는 "힘들었지?"라며 공감하는 것보다

해결책을 찾는 데 익숙합니다.

목표는 신랑이 보게 하고, 주변은 제가 보면 됩니다.

신랑이 한 가지 일을 마치고 난 후, 다른 일을 부탁하면 됩니다.

신랑을 아이 취급하지 않고 깜짝 선물로 주면 됩니다.

사랑이 변했다고 탓하지 않고, 말하는 방법을 가르치면 됩니다.

답답해하지 않고, 답을 찾으면 됩니다.
뇌 구조부터가 다른 남녀가 멋지게 공생하는
비법입니다.

쌍방과실

나는 분명히 A라고 말했는데,

나중에 가서 B라고 이해했다 말하니 속이 터질 일입니다.

알았다고 해놓고

언제 그랬냐고 반문하니 미칠 노릇입니다.

저는 반반의 책임이라고 봅니다.

말하는 사람도 모호하게 말하지 마세요.

'최대한 빨리', '알아서', '중요한 것 중심으로', '지난번에 말한 것'

이라고 말하지 마세요.

듣는 사람도 책임이 반입니다.

말귀 못 알아듣는 사람이 될까 봐 아는 척, 이해한 척하지 말자

고요.

"~라고 말씀하시는 것 맞나요?"라고 습관처럼 확인하세요.

중요한 일일수록

한 번에 알아들을 수 있는 말,

별로 없습니다.

기사님 vs. 선생님

긴 강의를 마치고 택시에 오르면
잠시 눈을 감고 쉬고 싶어집니다.

그런 손님의 마음을 아는지 모르는지
"결혼하셨어요? 저는 아이가 셋인데 말이죠⋯."
자식 자랑을 시작하는 기사님들이 있습니다.
"요즘 세상이 시끄러워요. 정치라는 것이 말이죠."
한탄을 늘어놓는 분들도 있습니다.

며칠 전에도 택시에 올랐는데 한 분이 말합니다.
"이 시간에 노트북을 들고 타시는 걸 보니
오늘 하루도 수고하셨겠네요.
잠시 쉬세요. 제가 안전하게 모시겠습니다."

와. 너무 고마웠어요.
그분의 관찰력, 섬세함, 따뜻함, 언어 구사력에 반해버렸어요.
그래서 저도 모르게⋯
"선생님은 이 일을 얼마나 하셨어요?"

이게 무슨 맘일까요?

분명 편하게 쉬고 싶었는데.

그분에 대해서 더 궁금해지는 것은요.

적절하지 않은 말

제게는 16년 차 오랜 벗이 있습니다.
어제 만나 차 한잔을 하는데 문득 이런 말을 합니다.

"내가 예전에 너에게 '넌 너무 쿨해!'라고 말했었지.
그래서 네가 서운하다고 했잖아.
그런데 생각해보니 그건 적당한 말이 아닌 것 같아.
'넌 참 굳건해'라고 바꿔 말하고 싶어.
한번 마음을 먹으면 흔들리지 않는 것이지
마음이 차갑다는 의미는 아니거든."

그렇게 생각해보니 자신이 그동안 '언어'를 얼마나 잘못 사용했
는지 알겠더랍니다.
다른 친한 언니에게는 자주 "언니는 의견이 강해"라고 말해왔
는데,
그것도 "언니는 의견이 분명해"라고 바꿔야 하겠답니다.
생각이 분명한 것이지 그것을 타인에게 강요하고 불편하게 하
는 것은 아니라면서요.

이 친구, 그동안 무슨 일이 있었던 걸까요?
우리말을 더 잘하게 된 걸까요, 아니면
타인의 마음을 더 잘 살피게 된 걸까요?

위로받고 싶을 때

"나 좀 위로해줘."

당신은 이 말, 원하면 언제든지 꺼내 쓸 수 있나요?
이 짧은 말 한마디면 되는데
우리는 괜히 말을 뱅뱅 돌리고
타인과 세상을 원망하고
자책하는 것은 아닐까요.

위로를 동정이라고 생각하지 마세요.
위로를 받으면 실패한 것이라고 생각하지 마세요.

누구에게나 위로가 필요합니다.
다만 말하는 사람과 말하지 못하는 사람이 있을 뿐이지요.
"나 좀 위로해줘"라고 말할 수 있는 사람이
자신을 진짜 아낄 줄 아는 사람인 거예요.

위로해주고 싶을 때

누군가를 위로해주고 싶을 때
어떤 말이 좋을까요?
힘내라고, 좋은 날이 올 거라고,
"파이팅!"이라고 말할까요?

너무 우울하고 아무런 의욕도 생기지 않는데
친구가 보낸 유독 밝은 표정의 이모티콘을 보면,
어쩐지 내 마음과는 다른 세상인 것 같아
더 외로워진 적 없나요?

"네 힘으로 이겨내리라 믿어."
"고민하는 과정에서 더 느끼고 성장할 거야."
"아주 자연스러운 거야. 그럴 수 있어."

내가 가진 힘을 믿어주는 말들이 더 위로가 되던데,
지금의 힘든 감정들도 필요한 것이라고 인정해주고

잘못된 것이 아니라고 말해줄 때 안심이 되던데,

나를 억지로 일으키려고 하는 것보다

어떤 모습이든 믿어주고 기다려주겠노라고 말해줄 때

격려가 되던데….

당신은 어떤 말에 위로를 받으세요?

상대가 머물러 있는 시간을 너무 빨리 앞당기려고 하지 말았으면 해요.

상대의 감정이 불편하다고 새로운 감정으로 성급하게 뒤덮어버리지 않았으면 해요.

그냥 그 시간에 같이 있어 주세요.

스스로 걸어 나올 수 있도록 믿어주세요.

"오늘 재밌었어?"보다는

"오늘 가장 재미있었던 것은 뭐야?"라고 물어봐 주세요.

"잘했지?"보다는

"가장 보람 있었던 것은 뭐야?"라고 물어봐 주세요.

"별일 없지?" 보다는

"요즘 가장 고민스러운 건 뭐야?"라고 물어봐 주세요.

더 말할 수 있게

깊이 묻혀 있는 마음을 드러낼 수 있게

열린 질문 해주세요.

"잘못한 게 뭔지 알겠어?" 대신

"다음에는 어떻게 다르게 하고 싶어?"라고 물어봐 주세요.

"정신 똑바로 안 차려?" 대신

"이번 실수를 통해 배운 게 뭐라고 생각해?"라고 물어봐 주세요.

"조심하라고 했지?" 대신

"앞으로는 더 주의해야 할 것이 뭘까?"라고 물어봐 주세요.

아픈 곳 더 아프지 않게
넘어진 곳에서 배움을 얻을 수 있게
긍정 질문 해주세요.

"다른 사람이 어떻게 보겠니!"보다는
"저 사람의 입장이라면, 어떤 생각을 하게 될까?"라고
물어봐 주세요.
"좀 멀리 좀 내다봐라!"보다는
"1년 후라면, 어떤 선택을 하게 될까?"라고 물어봐 주세요.
"긍정적으로 생각해!"보다는
"그 문제가 없다면, 어떻게 다르게 해보고 싶어?"라고
물어봐 주세요.

더 넓게 볼 수 있게
생각의 틀을 넘어설 수 있게
if 질문 해주세요.

잘되는 조직을 연구해보니
집단이 사용하는 말의 긍정:부정 비율이
최소 3:1이 되어야 한다고 합니다.
칭찬하고 격려하고 호기심을 가지고 질문하는 긍정 언어가
방어하고 비난하는 부정 언어의
최소 3배가 넘어야 한다는 말이지요.
가장 실적이 좋은 집단에서는 6배가 넘는다고 합니다.

가정에서도 마찬가지입니다.
이혼하지 않고 잘 사는 부부들은
부부싸움을 하더라도 긍정:부정 언어의 비율이
5:1이 된다고 합니다.
행복하게 오래 사는 부부는 20:1 정도 된다고 하네요.

기억하세요.
직장에서는 최소 3배의 긍정의 말 사용하기.
가정에서는 최소 5배의 긍정의 말 사용하기.
관계의 황금비율입니다.

"엄마한테 세탁소에서 옷 좀 찾아다 달라고 전해라."
"흥. 네 아빠한테 직접 찾으시라고 해라."

우리는 둘 사이의 문제에 꼭 한 명을 끼워 넣곤 합니다.
사람들은 A·B 둘의 관계보다
삼각관계, 즉 A·B·C의 관계를 더 편하게 느낍니다.
'밀당'을 하는 숫자 2는 불안하다고 생각하기 때문이지요.

하지만, A·B 당사자끼리 해결해야 할 일에
C를 자꾸 끼워 넣으면 부작용이 생깁니다.
A·B는 관계의 힘을 잃어버리고,
C 역시 불필요한 역할을 하게 되지요.

관계가 안 좋은 부부 사이에서 자라는 아이들이
아프거나 너무 일찍 어른이 되거나 자꾸 문제를 일으키는 것도
삼각관계에서의 역할에 진을 빼느라 벌어지는 일입니다.

하고 싶은 말 있으면 직접 하세요.

자꾸 애꿎은 사람 붙잡고 말 전하라 하지 마시고요.

사람을 살리는 말

"저, 지금 하는 일 그만둘까요?
너무 고통스러워요. 앞으로도 잘할 수 있을지."
한계에 부딪혔다며 누군가에게 하소연을 늘어놓습니다.

은은한 조명 아래 가만히 듣고 있던 사람이 말하더군요.
"고통스럽다니…, 또 한 단계 성장하시겠군요!"

투덜대던 그 사람에게 미소가 나타납니다.
처졌던 눈꼬리가 어느새 바짝 올라붙어 있습니다.

고통을 성장으로 해석하는 힘,
불평을 바람으로 전환하는 힘,
사람을 살리는 말에서 나옵니다.

무섭고 통제적인 아버지 밑에서 자라는 아이들은
보통 주눅이 들어 순종적인 아이가 됩니다.
그러나 사춘기가 되어 자신이 힘을 가지게 됐다고 믿기 시작하면,
아버지의 가부장적인 권력에 맞서고자 더 강해지려고 하지요.

그래서 아이는 자라면서 그토록 싫어했던
아버지의 말투와 분위기를 닮아가는 겁니다.

당신의 말은 당신이 알지 못하는 사이에 누군가에게 영향력을
미칩니다.
당신의 말을 좋아하면서 따라 하고
당신의 말을 미워하면서 배워갑니다.

나이가 들어갈수록
말에 더 큰 책임감을 느껴야 하는 이유입니다.

강의를 하다 보면 점심시간이 지나
이렇게 말하는 분들이 있습니다.
"아, 점심 먹고 나니까 진짜 졸리네요."
"아, 점심 먹고 난 뒤인데도 덕분에 이 정도로 견디게 되네요."

똑같이 졸립다는 말인데
그 말에 강의가 죽기도 하고 살아나기도 하네요.
다 같이 입으로 오가는 말인데
힘을 실어주는 말이 되기도 하고,
진 빠지게 하는 말이 되기도 하는군요.

뾰로통하게 입을 내민 상대에게 말합니다.
"다 너를 위해서 하는 말이야. 나니까 이런 말 해주는 거다!"

나를 위한 말이라고?
그런 말은 내가 해야 진짜 아닌가요?
그 말, 누구를 위한 건가요?

갑자기 공이 날아올 때

길을 가는데 갑자기 공이 날아오면,
사람들은 어떻게 대처할까요?

소리를 지르면서 움츠리거나
본능적으로 강한 헤딩으로 패스하거나
두 손으로 가볍게 받아내거나
무방비 상태로 몸에 맞거나
운동신경에 따라 제각각 반응합니다.

사람의 말도 마찬가지입니다.
갑자기 던져진 당신의 말에 상대가 어떤 반응을 할지는
그 사람의 언어신경에 따라 다를 수 있습니다.

'내가 말하면, 저 사람이 이렇게 반응하겠지?'
'아무것도 아닌 말에 왜 저렇게 반응하지?'
'왜 이렇게 알아주지 않는 거야!'

상대가 어떻게 반응할지까지 당신이 정할 권리는 없습니다.

그것은 순전히 상대의 몫입니다.

다만 당신은

상대가 더 잘 받을 수 있게, 아니면 더 잘 피할 수 있게

공을 던져주면 되는 겁니다.

"피곤한데 이제 자야 하지 않겠니?"
"너도 엄마도 피곤하니, 이제 잘 준비를 하렴."

"집이 너무 엉망이라고 생각하지 않아?"
"집이 너무 엉망이라 같이 치웠으면 해."

모든 대화에서 의견을 물어보는 것이 좋은 것만은 아니에요.
당신에게 이미 정해진 답이 있는 질문이라면
차라리 직접 요청하세요.
상대에게 주도권을 넘기는 척하지 마시고요.

쓸데없이 빙빙 돌리면
진짜 질문에도 대답하기 싫어질지 몰라요.

자동차 기어에는 다양한 위치가 있지요.
P(주차 모드)는 오랜 시간 멈추어야 할 때,
N(중립 모드)은 잠시 멈추어야 할 때,
D(드라이브 모드)는 앞으로 나가야 할 때.
가파른 언덕길이냐 빙판길이냐에 따라
D1, D2를 골라 쓰기도 하고요.

관계나 말에도 다양한 변속기어가 있으면 좋겠어요.
내가 지금 어떤 기어를 작동해야 할지
선택하고 움직이면 좋겠어요.

무조건 D로 작동하지 말고요.

실수한 직원에게 흔히들 이야기합니다.

"앞으로 잘해."

무엇을 잘해야 하는지는 쏙 뺀 채,

잘해야 한다는 부담만 넘겨주지요.

"앞으로 잘해!"라는 말만큼 나쁜 말이 또 있을까요?

어떻게 해야 할지 당신 눈치만 살피게 될 텐데

무슨 수로 잘하는 데 집중할 수 있겠어요.

그런 말 안 하면 참 좋겠어요.

앞으로 잘하게 하고 싶거든

당신이 기대하는 바를 구체적으로 알려주세요.

"앞으로는 보고서에 목차를 잡고 보고해주게."

"앞으로는 고객 불만이 들어오면 현장에서 먼저 처리하고

1시간 내에 전화로 알려주게."

그래야 또 지적할 일이 없습니다.

같은 일로 훈계하는 일이 일이 많다면,

말하는 당신에게도 책임이 있는 겁니다.

잘한다는 기준은 당신에게서 나오는 거잖아요.

"우리 와이프는 잔소리가 너무 많아요."
"아, 네. 부인께서 마음 쓸 일이 많으신가 보네요."

"우리 팀장은 지독해요. 일, 일, 일! 사람은 안중에도 없어요."
"아, 네. 팀장님이 일 다음에 사람을 챙기는군요."

"제 친구는 매일 거짓말을 해요. 금방 들통날 일을 말이에요."
"아, 네. 친구가 두려움이 많은 편인가 봐요."

다르게 말하기란
거짓말하기가 아니에요.
다른 각도에 놓인 카메라 앵글로 바라보는 것입니다.

"넌 참 똑똑하구나"보다는
"넌 참 어려운 문제도 끝까지 포기하지 않는구나"라고 말해주세요.

"넌 참 대단해"보다는
"넌 참 도전하고 성취하는 것을 즐기는구나"라고 말해주세요.

당신 앞의 그 사람을
몇 개의 단어를 돌려가며 평가하지 마세요.
자꾸 반복되면 똑똑함의 함정에 갇히고,
대단하지 않으면 안 될 것 같아 불안해질지도 몰라요.

"입고 계신 슈트가 체형과 정말 잘 어울리네요."

"그래요? 이거 하도 옷이 없어서 10년 전 거 꺼내 입은 건데?"

"아, 네…."

"목걸이가 분위기랑 잘 어울려요. 예뻐요."

"에이, 이거 어머니가 물려주신 아주 구닥다리예요."

"아, 네…."

우리는 칭찬을 받을 때 왜 이렇게 쑥스러워할까요.

칭찬을 많이 받아보지 못해서일까요, 아니면

어떻게 받아들여야 할지 배운 적이 없어서일까요?

앞으로는 누군가 칭찬하면 "고마워요"라고 냉큼 받기로 해요.

그런 다음 상대에게도 가볍게 칭찬을 돌려주면 돼요.

"그런 안목을 가진 당신이 더 센스 있네요."

"당신 넥타이도 보통 감각이 아니군요."

"그렇게 칭찬해주시는 당신이 더 멋져요."

당신이 구사하기 편한 멘트 한 가지 개발해보세요.
누군가 나를 칭찬할 때 "고맙습니다"라고 받고
센스 있게 돌려줄 수 있게요.

촌스럽지 않으려면 연습이 필요합니다.

잘했네, 잘했어!

점심시간이 되기도 전에 신랑이 현관문을 열고 들어옵니다.
퇴근 시간이 되려면 한참 남았는데 말이죠.
"당신, 갑자기 이 시간에 웬일이에요? 무슨 일 있어요?"

회사에서 이런저런 일 때문에 너무 화가 나서
반차 내고 나와버렸다고 말하더군요.
꽤 놀랐습니다.
'그래도 그렇지…'라는 말이 목젖을 타고 올라오려고 합니다.

침 한 번 꿀꺽 삼키고 말했습니다.
"잘했네, 잘했어! 야호! 우리 뭐 하고 놀까?"
철없는 아내처럼 깡충깡충 뛰었습니다.

시원한 영화 한 편 보고 돌아오는 길에 묻습니다.
"여보, 평소에 참을성 많은 당신이 이렇게 크게 반응했다는 것은… 당신에게 무엇이 중요하다는 뜻일까요?"

신랑은 한참 생각하다 말합니다.

"나는 다른 건 참아도, 공정과 도덕 문제에는 예민한 것 같아요."

"아, 그래서 이렇게 온몸으로 저항했구나. 공정성과 도덕성의 기준이 적절하지 않은 것에 화가 난 거구나."

"그렇지. 그들에게도 다른 가치들이 있겠지만요. 내일 다시 잘 이야기해봐야겠어요."

그렇게 신랑은 꼬여 있는 생각들을 풀어내고 오늘도 새벽같이 출근했습니다.

가장의 뒷모습을 보며 생각합니다.

'그래도 당신이 참았어야지'라고 말하지 않아서 참 다행이야.

'그 사람들도 어쩔 수 없었겠지'라고 말하지 않길 잘했어.

그래, 이번에는 꽤 잘했어.

당신이 가장 많이 하는 말

설 연휴라 온 가족이 둘러앉았습니다.

오랜만에 손주 재롱을 보며 부모님도, 자식들도 이야기가 끊이질 않습니다.

그렇게 며칠을 함께하다 보니 문득 깨닫게 되는 것이 있습니다.

사람마다 가장 많이 하는 말, 빈번한 스토리가 있더라는 것입니다.

어머님은 요리 이야기를 가장 많이 합니다.

저에게 온종일 국간장을 어떻게 만들어야 하는지, 나물을 어떻게 볶아야 하는지 이야기하고

식탁에서는 맛이 어떤지, 간이 짜지는 않은지를 매번 확인합니다.

아버님은 눈감으면 코 베어가는 세상 정신 차리라는 말을 가장 많이 합니다.

어릴 적부터 고생이란 고생은 골라 하시며

친구에게 속고, 돈에 울고, 형제에게 서운했던 아버님 평생의 삶이 묻어납니다.

신랑은 건강과 관련한 말을 가장 많이 합니다.

경상도 집안의 장남으로 태어나 가족을 책임지고

학군단과 장교 출신으로 타인의 안전을 책임져야 했던 반평생의 삶이라

누가 아플까, 위험할까, 그것을 통제하지 못할까 봐 전전긍긍입니다.

한 얘기 또 하고, 또 하면 좋아할 사람 없겠지요.

저도 사흘 동안 어머님께 음식 이야기 들으면서 고비도 몇 번 있었습니다.

그렇지만 그것이 지루하게 반복되는 음식 이야기가 아니라,

어머님의 삶이자 인생 이야기라 생각하면

그저 싫다고만 할 수 없습니다.

그가 가장 자주 하는 이야기, 빈번하게 등장하는 주제가 무엇인지 생각해보세요.

그리고 그것이 본인에게 얼마나 중요할지 배려하고

귀 기울여주세요.

당신은 음식 이야기가 아니라 그의 삶을 듣고 있는 것이니까요.

당신이 그만하라고 해도 그만둘 수가 없는 이야기입니다.

당신이 듣지 않는다고 해서 멈출 수 있는 말이 아닙니다.

부부관계 전문가들은 조언합니다.
'small things often', 즉
'조금씩 자주 하는 것이 관계를 위한 가장 좋은 방법이다.'

언젠가는.
앞으로 잘 되면.
조금만 참아봐.

소통은 크고 대단한 것에서 오지 않습니다.
작고 사소한 것,
'이 정도쯤이야'라고 할 만큼 아주 평범한 것을
자주 주고받을 때 관계의 만족감을 경험하게 됩니다.

고마워. 사랑해. 괜찮아? 다행이야. 미안해.

님아, 그 강을 건너지 마오.
입소문을 타고 많은 이들을 울리고 웃겼다기에
우리 부부도 함께 영화를 봤습니다.

영화가 끝난 후
가장 기억에 남는 것은 무엇이냐고요?

고마워요.
멋있네요.
잘하네요.

할머니가 할아버지에게 가장 많이 쓰던 말.
그 평범하고 사소한 말이
그렇게도 아름다운 말이었던가.

75년을 한결같이
두 손을 부여잡게 하는 그 힘은
뭐 그리 대단한 것에서 오는 게 아니라는 것.

고마워요.

멋있네요.

잘하네요.

요즘 중소기업 임원과 코칭을 하고 있는데요.

몇 달 전부터 직원들의 사기가 떨어진 것 같다며 칭찬을 열심히 하고 있다고 하시더군요.

그래서 코치인 저도 칭찬 좀 해달라고 했습니다.

"코치님, 대단하세요. 젊은 나이에 이렇게 전문코치가 되시고. 아무나 하는 거 아닌데."

기분 좋게 웃으며 받았습니다.

그때 운영팀장이 결재를 위해 잠시 들렀습니다.

사인을 하면서 말씀하시더군요.

"김 팀장, 대단해. 이렇게 빨리 준비하는 거 아무나 하는 거 아닌데."

운영팀장은 그저 한번 씨익 웃고 돌아갑니다.

일주일 후, 임원과 팀장들이 함께 진행하는 회의에 참석했습니다.

새로운 프로젝트 보고를 위한 자리였습니다.

담당자가 보고를 마치고 자리에 앉자 임원이 이야기했습니다.

"수고했어요. 대단해요. 아무나 하는 거 아닌데."

회의가 끝나고 임원과 제가 마주 앉았습니다.

제가 말을 꺼냈습니다.

"전무님, 노래방에서 같은 노래 세 곡을 연속 부르는 사람 어떻게 생각하세요?"

친한 사람이면 노래를 중간에 끊을 테고, 그게 아니면 앞으로 다시는 같이 안 간다고 하더군요.

"전무님 칭찬에도 십팔번이 있는 것 같아요."

"제가요?"

"대단해요. 그거 아무나 하는 거 아닌데."

"아, 하하. 제가 그 말을 자주 사용했나요?"

칭찬 레퍼토리 좀 다양하게 준비해주세요.

그때그때 골라 쓸 수 있게요.

"고맙네." (~해줘서 고맙네.)

"수고했어." (~하느라 수고했어.)

"덕분에 잘 해결됐어." (덕분에 ~할 수 있었네.)

"역시 자네야." (~한 것을 보니 역시 자네야.)

"○○ 능력이 보이는군." (당신은 ○○에 강점이 있는 사람이군.)

뾰루지 같은 것

아끼는 사람을 돕기 위해서는
문제 행동을 무시하고,
잘한 행동을 했을 때를 기다렸다 칭찬해주어야 합니다.
문제 행동은 뾰루지처럼
건드릴수록 커지고 덧나거든요.

알면서 모르는 척하기가 핵심입니다.

"직원들은 그렇게도 칭찬받고 싶어 하는데, 왜 마음껏 해주지 않으시나요?"라고 물으면

가장 많이 돌아오는 답은

"잘한 것이 없는데 어떻게 칭찬합니까?"예요.

"거만해질까 봐 칭찬하기 부담스러워요"라거나

"사나이들끼리 뭐 그런 걸 말로 합니까? 그냥 아는 거지"라고 하시는 분들도 있고요.

잘한 것이 있을 때 도닥여주는 것을 '칭찬'이라고 합니다.

"잘했군, 잘했어!"라고 말해주는 거지요.

사실 결과가 좋을 때 칭찬해주는 말은 별다른 기술이 없어도 됩니다.

상대도 나도 기분 좋은 상황이니까요.

플러스에서 더 플러스되는 것일 뿐 밑질 것은 없습니다.

그러나 문제는 잘한 것이 없을 때, 생각보다 결과가 좋지 않을 때입니다.

그럴수록 그동안의 수고에 대한 격려가 필요한데,
이때 하는 말을 '인정'이라고 합니다.
"수고했군, 수고했어"라고 말해주는 거지요.

이때는 자기도 흡족하지 않기 때문에 상대의 격려가 형식적으로 느껴지게 됩니다.
그래서 인정할 때는 조금 더 고급 기술이 필요합니다.
마이너스를 플러스로 바꾸어야 하는 것이기에 진심과 기술을 담아야 합니다.
"끈기 있게 마무리했군. 수고했어."
"데이터 분석력이 돋보였어. 고생했어."
"다른 부서의 협조를 끌어낸 리더십이 좋았어."

과정에서 발휘한 그 사람의 강점을 보아주세요.
일의 결과는 부족했지만, 그만이 가진 재능은 인정해주세요.
그래야, 성과는 놓쳐도 사람은 잃어버리지 않습니다.

칭찬의 기술 중에서 많은 사람 앞에서 칭찬하는 게 좋다는 건 아시죠?

그런데 한 사람 기 살리겠다고 다른 사람 기죽이면 안 된다는 것도 아시나요?

"김 과장 보란 말이야, 일은 이렇게 해야지. 다들 보고 배우라고!"

"형 하는 것 좀 보란 말이야, 숙제부터 하고 놀아야지. 누굴 닮아 그러니!"

한 사람 살리려다가 나머지를 잃을 수가 있어요.

보고 배우라는 마음이셨다면 그냥 두세요.

좋아 보이면 말 안 해도 알아서 따라 합니다.

"나 좀 도와주세요."

"나 좀 위로해주세요."

"나 좀 바라봐 주세요."

당신은 누구에게 이런 말을 하고 있나요?

사람은 누구나 도움받아야 하고, 위로받아야 하고, 관심받아야
합니다.

인간은 그렇게 서로 도움과 위로와 관심을 주고받도록 설계되
었지요.

그런데 이런 말을 할 수 없는 것은

필요하지 않아서가 아니라

무엇인가 겁나고 두렵기 때문이겠지요.

말하지 못할수록 점점 더 외롭고 불안해질 거예요.

다 할 수 있는 척하지 말고,

강한 척하지 말고, 자유로운 척하지 말고

우리, 이런 말 좀 하고 살자고요.

직업병

소통과 관련한 강의를 하고 있는데, 차분히 듣고 있던 한 남성 분이 양심고백을 시작합니다.

30년 동안 컨설턴트로 활동해온, 경력이 화려한 전문가였습니다.

그에게는 아들이 한 명 있는데, 자신은 격려하기보다는 늘 문제를 지적하는 아빠였던 것 같다며 마음에 남아 있는 에피소드 한 가지를 꺼내놓았습니다.

아들이 제작한 영화가 작은 영화제에 입상했다고 합니다.

이 대목에서 사람들은 "와아!" 하고 감탄을 쏟아냈지요.

그가 말을 이었습니다.

"그런데… 제가 영화 상영이 끝난 후, 아들에게 가장 먼저 한 말이 무엇인지 아십니까?

야, 그런데 사운드가… 말이야."

그는 그때 아들의 눈빛을 잊을 수가 없다고 합니다. 실망스러워하는 아들의 얼굴이 그제야 보이더라는 것입니다. 문득 그동안 자신이 아들을 아빠로서 만났는가, 컨설턴트로서 만났는가를 자문하게 됐다더군요.

문제가 먼저 보이는 것을 어떡합니까.

뜯어고쳐야 속이 시원한 것을 어떡합니까.

그것이 당신의 직업병이라면,

일에는 쓰되 사람에게는 쓰지 마세요.

"정말 멋지더라. 네가 얼마나 자랑스러운지 몰라."

아들은 영화를 감상하는 내내 이 말을 듣고 싶었을 테니까요.

좋은 아들로, 착한 딸로 숨죽여 지내던 아이들이
사춘기가 되면 갑자기 변하는 경우가 있습니다.
아빠가 보낸 무관심에,
엄마가 보인 집착에,
자신이 할 수 있는 온갖 방법을 동원해 복수하고 싶어 하지요.

한 가족상담 전문가가 말합니다.
"분노에 휩싸인 아이들에게 '부모에게 무엇을 원하느냐'고 물을
때 항상 빠지지 않고 나오는 답이 무엇인지 아세요?"

'관심 가져주면 좋겠다',
'건드리지 않았으면 좋겠다',
'공부하라는 말 안 했으면 좋겠다.'
여러 의견이 쏟아져 나왔지만 전문가는 이렇게 말했습니다.

"진심으로 사과했으면 좋겠어요. 나에게 미안하다고 말했으면
좋겠어요."

미안해. 미안해요. 미안합니다.
이건 자신을 스스로 비출 수 있는 사람이 하는 말인데
비겁하게 숨지 않고 감당하려는 사람들의 말인데

이 말, 진심으로 할 수 있으세요?

미안해 vs. 고마워

누군가의 친절에 '미안해' 대신
'고맙다' 말할 수 있으면 좋겠습니다.

'미안해'는 당신의 부담스러운 마음을 표현한 것이지만
'고마워'는 타인의 진심 어린 마음을 알아보는 것이기에.

호의를 받을 때는
내 마음을 위한 '미안해' 대신
그 마음을 위한 '고마워'라고 하면 좋겠습니다.

도움이 필요하지 않은 사람은 없습니다.
너무 그렇게 미안해하지 마세요.
당신도 고마운 일을 하면 되니까요.
그렇게 세상은 만들어지는 것이니까요.

당신, 내 편이야?

"여보, 옆집 아줌마가 또 분리수거 안 한 거 있지. 이번이 몇 번째인지 몰라!"

아내가 남편에게 투정을 시작합니다.

남편은 피하고 싶지요. 또 시작이다 싶지요.

"직접 가서 말해보지그래. 나한테 그러지 말고."

"사정이 있었겠지. 당신도 지난번에 그냥 내놓은 적 있잖아."

"아니, 누가 우리 싸모님을 귀찮게 하는 거야! 내가 가서 확 혼내줄까?"

어떻게 반응해야 이 대화가 빨리 끝날까요?

오래 실랑이하고 싶지 않다면

당신 편이라고 말해주세요.

안 들리세요?

지금 아내는 '당신 내 편이야?'라고 묻고 있는 거잖아요.

시어머니 예쁨받는 법

살림도 꽝이고 요리도 별로고 용돈도 두둑하게 챙겨드리지 못하는 며느리지만,
시어머니가 제 손 붙잡고
"아이고 아가, 그리 말해주니 내가 정말 고맙다"라고 말할 때가 있습니다.
"어머니, 아들 저렇게 잘 키워주셔서 감사해요."

어머니께 당신 아들이 속도가 느려 답답하고, 말수가 적어 재미없다고 말해 뭐합니까.
평생을 자식으로 증명받은 어머니께 할 수 있는 위로는
자식 자랑 하실 수 있도록
그 자식 잘 키우셨노라 하고 말씀드리는 것밖에요.

어차피 A/S 안 되니까요.

훈계 vs. 설명

"너는 말이야!"로 시작되면 훈계입니다.
"이건 말이야"로 시작되면 설명입니다.

"앞으로 똑바로 해!"로 끝나면 훈계입니다.
"더 궁금한 점 있어?"로 끝나면 설명입니다.

4
장

사랑하면 보이는 것들

사람마다 유독 두려워하는 것이 있지요.

명예를 잃어버리는 것,

의견을 거절당하는 것,

사람들로부터 인정받지 못하는 것,

누군가보다 지식이 부족하다고 느끼는 것,

주도권이 없다고 느끼는 것,

배려받지 못한다고 느끼는 것,

공정하지 못한 대우를 받는 것,

계획을 통제하지 못하는 것.

당신이 특히 두려워하는 것이 무엇인지 알아야

누군가와 대화할 때 더 따끔해지는 이유를 알 수 있습니다.

똑같이 맞았는데 나만 더 아픈 이유, 평소에 알아두세요.

그래야 괜히 탓하는 관계를 만들지 않을 수 있습니다.

어릴 적에 로봇 만화를 보면서 제일 부러웠던 것이 바로 방어막이었습니다.

어떤 총알도 다 튕겨 나가고 레이저조차 뚫을 수 없는 최고의 무기였지요.

그때는 몰랐지만, 사람들은 자라면서 누구나 방어막 한 개씩을 가지게 된다는 사실을 알게 되었습니다. 위험으로부터 자신을 지키고 살아남을 수 있는 극강의 무기지요.

자꾸만 화를 내서 다가올 수 없도록 물리치거나,

자꾸만 아픈 척, 약한 척하면서 먼저 다가오도록 유도하거나,

자꾸만 자신을 외롭게 두면서 세상이 나를 몰라본다며 소외감을 자처하거나,

자꾸만 한 가지에 몰두하면서 자기만족에 심취하려고 하거나,

자꾸만 변명을 늘어놓으면서 자신을 위로하려고 하거나.

참으로 다양하지요.

오랫동안 단단하게 만들어진 방어막이니 어찌 쉽게 바뀔까요.

당신이 그 방어막을 알아보는 것이 차라리 더 빠를 거예요.

"너는 수업시간에 왜 이렇게 떠드니!"
"그래야 선생님이 제게 관심을 가지니까요."

"내가 더 커!", "아니야! 내가 더 크다고!"
뻔히 보이는데도 자꾸만 우기네요.
그래도 어떡해요, 내가 더 높아 보이고 싶은걸.

인간은 태어날 때부터 사랑받고, 관심받고 싶어 합니다.
그것이 충족되지 않을 때
자신만의 방법으로 대안을 마련하지요.
그 대안이 다른 사람에게 환영받지 않아도 상관없습니다.
주목받는 데에는 성공했으니까요.

성인이 되어도 까치발을 하는 사람이 있습니다.
더 커 보이고 싶어서
과장하고, 허풍떠는 사람들이요.

얼마나 자신이 없으면 남들 눈에 다 보이는 까치발을 하겠어요.
귀엽지는 않아도 안쓰러워해 주자고요.

더 삐뚤어지기 전에 관심을 가지고, 존중해주세요.
왜 사사건건 불평이냐, 왜 이렇게 못돼먹었냐고
호통을 쳐야 하는 상황까지 가기 전에
더 골치 아파지기 전에 손을 쓰세요.

대화를 하다 보면 무슨 말을 해도 쉽게 짜증을 내는 사람이 있습니다.

"어떻게 그렇게 거만할 수 있느냐."

"도대체 왜 그렇게 게을러터졌느냐."

"어쩜 그리도 답답하게 구느냐."

이런 분들에겐 공감하고 칭찬하는 말하기 기술을 가르쳐도 쉽게 바뀌지 않습니다.

마음에 안 드는데 어떻게 경청하고 격려하느냐고 또 짜증을 내시거든요.

이것은 말하는 기법의 문제 아니라, 마음의 문제입니다.

'타인의 행동을 내가 참지 못하는 이유는 무엇일까?'

'타인의 생각에 내가 핏대를 올리는 이유는 무엇일까?'

'타인의 언어에 내가 예민하게 반응하는 이유는 무엇일까?'

같은 자극이라고 똑같이 반응하는 것이 아닙니다.

외부에서 S 자극이 주어졌을 때, 내가 N극이기에 반응하는 것입니다.

그럴 때는 N극인 나를 이해하려고 노력해야 상황이 바뀝니다.

상대의 행동이, 말이, 생각이 나에게는 편하지 않은 이유를

나로부터 찾아서 해결해야

말이 곱게 나갑니다.

안타깝게도

말하기 책 한 권이 이런 분을 바꾸기는 어렵습니다.

커다란 백지를 꺼내보세요.
그 위에 평소 왠지 불편했던 한 사람,
두고두고 내 마음을 찜찜하게 하는 누군가를 그려보세요.
그 사람의 무엇이 당신을 자연스럽지 못하게 하나요?

정신분석에서는 당신과 그림 속 인물이
닮았을 수 있다고 말합니다.
거울로도 잘 안 보이는 자신의 모습을 타인에게 비추기 때문에
마음이 불편해지는 거라고 말이죠.

만약 당신 주변에 마음을 불편하게 하는 누군가가 있다면
아마도 마음이 보내는 신호일지 몰라요.
이제 피하지 말고
당신 자신의 어두움과도 마주하라는 뜻일 수 있어요.

모든 사람의 나의 거울이기도 하니까
쉽게 깨거나 상처 내면 안 되는 거예요.

남편이 설거지를 한다더니
제가 아끼던 그릇을 와장창 깼습니다.
"저런! 여보 괜찮아요?"

아이가 물을 주겠다더니
제가 예뻐하던 화분을 와르르 무너뜨렸습니다.
"어머! 우리 아들 괜찮아?"

솔직히 고백할게요.
"괜찮아?"라고 하기 전에
"또 뭐야!"라고 한 적이 있습니다.
사람을 걱정하기 전에
물건을 아까워한 적이 있습니다.

미안해집니다.

그놈의 실내화

엄마 대신 저를 키우고,
철없는 큰아들을 평생 뒷바라지하신 친할머니는
무릎 수술을 받던 중에 돌아가셨습니다.
그때 저는 중학생이었는데, 할머니 수술 날이 개학 날이었죠.
준비할 것도 많은데 할머니 병실을 지키고 있어야 해서 불만스러웠습니다.

"할머니. 나 실내화도 사야 하고, 노트도 사야 하고 할 게 너무 많은데…."
할머니는 그 한 몸이 짐스러워질까 봐 걱정하시며
꾸깃꾸깃한 돈을 쥐여주시면서 어여 들어가라고 하셨습니다.

"할머니, 괜찮겠어? 나 갈게."
일찍 병실을 나오며 할머니를 힐끗 돌아보았습니다.
할머니는 야윈 팔을 들고 얼른 가라고 연신 손짓하셨습니다.

그 후로 저는 할머니를 만나지 못했습니다.
분명히 간단한 수술이라고 했는데 어찌 된 영문인지 몰랐습니다.

할머니에게 한 마지막 말이 그놈의 '실내화' 이야기라니요.
엄마 대신 엄마 해줘서 고맙다고,
내가 제일 사랑하는 사람이라고 말할 수 없다니
기가 막혔습니다.

그 순간이 마지막이었음을 알았다면….
절대로, 절대로 그렇게 말하지는 않았겠지요.

마지막은 내가 생각하지 못한 순간에 찾아옵니다.
항상 이 말이 마지막 말인 듯 말할 수 있다면
얼마나 좋을까요.

두 사람이 손을 잡습니다.

"하나, 둘, 셋" 하며

물이 담긴 양동이에 그 손을 동시에 넣습니다.

그런데 한 사람은 "아! 따뜻해"라고 말하고,

또 다른 사람은 "아! 시원해"라고 말합니다.

이거 가능한 일입니까?

지금 눈앞에서 일어난 현상만 보아서는 가능한 일이라 생각하기 어렵습니다.

양동이에 손을 넣기 전에 어떤 일이 있었는가를 이해해야 하지요.

따뜻하다고 반응한 사람은

차가운 얼음물에 손을 한참 담그고 있었을지 모를 일입니다.

그래서 미지근한 물에서 온기를 느꼈을지도 모르죠.

반면, 시원하다고 반응한 사람은

후끈후끈한 열탕에 몸을 담그고 있었을지 모릅니다.

그래서 은근한 물에서 개운함을 느꼈을지도 모르고요.

누군가 이해할 수 없는 반응을 보였을 때

지금, 당장의 순간만으로 공감하기는 어려울지 모릅니다.
말하지는 않더라도, 숨기고 있더라도
지금 이 순간 이전의 경험과 기억에 호기심을 가질 때
비로소 대화의 실타래가 풀립니다.

보이지 않는 것을 보려는 관심을 가질 때,
비로소 연결이 만들어집니다.

사람을 보세요

주변에는 같이 대화하기 불편한 사람들이 있습니다.
"우리 집에 황금 개구리 있다"라며 자기 자랑 늘어놓는 사람,
"이 꼴 안 보려면 죽어야지"라며 불평을 입에 달고 사는 사람,
무엇에든 육두문자를 날리며 비난하는 사람.

혹 이런 사람들과 관계를 맺어야 한다면
말을 듣지 말고, 사람을 보세요.
그러면 조금은 더 대화할 힘이 생깁니다.

자기 자랑을 하는 사람은 외로운 사람,
불평하는 사람은 상처받은 사람,
비난하는 사람은 두려운 사람.

외롭고, 상처받아 아프고, 두려워서 겁나는 사람은
진짜 자신을 드러내기 어려워서 말로 자신을 지키려 합니다.
그것이 자신을 더 가두는 것임을 모른 채 그 방식을 고수하려
듭니다.

답답한 울타리 안에서 벗어나지 못한 채 살아가는
그 사람을 먼저 보세요.
그러면 조금은 더 버틸 힘이 생깁니다.

아직 손끝이 덜 여문 아이가 크레파스를 들고 끄적이기 시작합니다.

흰색 도화지에는 형체 없는 동그라미가 영역 없이 늘어서 있습니다.

그런데 신기하게도 아이 엄마는

"우리 아이 빠방 그렸구나" 하고 한눈에 알아봅니다.

그제야 아이는 자신의 그림 솜씨가 만족스러운지

연신 "빠방! 빠방!"을 외치며 종이를 머리에 이고 거실을 내달립니다.

동그라미 흔적을 자동차 그림으로 읽어내는 힘,

기술이 아니라 관심이겠죠.

조금 더 자세히 살펴보면

스스로 표현하지 못하는 마음도 완성하게 도울 수 있겠지요.

진짜 위로

"아, 진짜 내 인생은 왜 이렇게 꼬일까요? 제대로 되는 일이 없어요!"

누군가 이렇게 말한다면, 당신은 무어라 위로해주겠어요?

"야, 누구나 그렇게 사는 거다!"

"조금만 견디면 좋은 날 올 거야."

"아, 그렇게 힘든데… 어떻게 지금까지 견뎌온 거야?"

위로는 당신이 무엇인가를 한다고 되는 일은 아닙니다.

그 사람이 자신을 더 잘 설명할 수 있게

그 사람이 자신을 더 괜찮다고 느낄 수 있게

마음과 기술을 써주세요.

사람과 침팬지의 DNA는 98.4퍼센트 동일합니다.
1.6퍼센트의 차이가 언어를 만들고 문화를 가꾸어낸 거죠.

오래전에 발표된 흥미로운 연구 결과가 눈에 띕니다.
어미 침팬지가 새끼 침팬지 앞에서 블록을 쌓아 올립니다.
관찰학습 능력이 뛰어난 어린 침팬지는 눈여겨보지만,
두 살이 넘도록 블록을 쌓아 올리지는 못합니다.

그러나 사람은 다릅니다.
엄마가 블록을 쌓아 올립니다.
아이는 엄마를 관찰하면서 금세 탑을 쌓아 올립니다.
그 차이는 무엇일까요?

"우와, 대단하다! 옳지, 옳지. 그렇지, 그래!"
엄마의 끊임없는 감탄과 격려입니다.

이것이 사람과 침팬지가 다른 이유입니다.
한탄 말고 감탄이 변화를 만듭니다.

나를 용서해본 적이 없는데, 타인을 용서할 수 있을까요?
나를 위로해본 적이 없는데, 타인을 위로할 수 있을까요?
나를 칭찬해본 적이 없는데, 타인을 칭찬할 수 있을까요?

다른 사람과 소통하기 전에
당신 자신과 먼저 연결되어야 합니다.

가장 믿을 만한 상대와 스파링이 충분히 되면
실전 경기가 조금은 수월해질 겁니다.

다른 사람이 자신의 의견에 동의하지 않을 때
자신을 비판하고 공격하는 것이라 생각하는 사람들이 있습니다.
다른 패를 꺼내는 것으로만 생각돼도
이미 전투 태세를 갖추지요.

그러니까 과도하게 흥분하고, 방어하고, 공격하게 됩니다.

당신의 것이 정답이라는 생각,
당신의 것이 최선이라는 생각,
당신의 것이 탁월하다는 생각.

그거, 어디에서 온 건가요?

상처받고 싶지 않아 거리 두는 연습을 하며 자란 사람들은
감정을 만나기보다 피하는 데 익숙합니다.
차단하면 차단할수록 자신을 지킬 수 있다고 믿어온 사람들은
감정을 드러내기보다 속이는 데 익숙합니다.

그런데 피하고 속일수록
내가 누구인가에 대한 의혹이 늘어갈 거예요.
나답게 산다는 것, 나로서 존재한다는 것에 대해서
혼란스러워질 거예요.

당신이 누구인지 알아가고 싶다면
감정의 길을 먼저 따라가세요.
당신이 조작하고 관리했던 감정부터 숨통을 틔워주세요.

당신이 어릴 적 위험하다고 생각했던 그 일은
이제 더는 벌어지지 않아요.
안심해요, 이제 괜찮으니까요.

당신의 갑옷

전장에 나가는 장수처럼
평소에도 갑옷 입고 대화하는 사람들이 있습니다.
자신을 보호하기 위해서,
자신을 위장하기 위해서,
자신을 과장하기 위해서.

그렇게 무거운 옷 입고, 가벼운 마음으로 대화할 수 있겠어요?
그토록 차가운 옷 입고, 따뜻한 말로 대화할 수 있겠어요?
그처럼 딱딱한 옷 입고, 타인을 안아주며 대화할 수 있겠어요?

다른 사람 이야기를 담으려면,
마음에 공간이 있어야 합니다.
다른 사람 이야기에 본능적으로 반응하지 않으려면,
시선에 여유가 있어야 합니다.

내 마음에 공간을 만드세요.
내 삶에 틈을 만드세요.

당신의 갑옷,

소통을 하려면 그 옷부터 벗어 던지세요.

"~하면 안 돼."
"~하면 좋은 사람이야."
"~하게 살아야 해."

자기규율이 지나치게 많은 사람은
다른 사람의 세상을 품에 안기가 어려워집니다.
나와 다르고, 틀리고, 낯설어서
이해하고 수용하고 공감하기가 힘들지요.

나의 마음을 묶어두는 규율들이 얼마나 되나요.
관계를 위축시키는 규칙들에는 무엇이 있나요.
그것으로부터 자유로울 때 마음이 편해지고
당신의 눈빛과 말이 여유로워질 겁니다.

자기애 DNA

사람들은 '자기애 DNA'를 가지고 태어납니다.
그래서 내가 하는 일은 더 특별해 보이고,
내가 하는 선택은 더 현명해 보이고,
내가 하는 행동은 더 가치 있어 보이지요.

그런데 문제는 그 유전자 때문에
나와 너를 다른 위치에서 설명하게 된다는 겁니다.
"내가 하는 지각은 전날 너무 과로한 탓이고,
네가 하는 지각은 본래 게을러터졌기 때문이다.
내가 하는 실수는 너무 많은 일을 한꺼번에 하기 때문이고,
네가 하는 실수는 원래 덤벙거리기 때문이다."

당신이 자신을 사랑하듯
상대도 딱 그만큼 자신을 사랑합니다.
당신이 자신을 아끼듯
상대도 딱 그만큼 자신을 소중히 합니다.
당신도, 그도 똑같습니다.

당신이 지금처럼 애쓰며 사는 데에는
다 이유가 있습니다.

지나치게 화내고 있다는 것은
당신의 화가 지금 벌어진 일 때문이 아니라는 의미입니다.
당신이 너무 쉽게 발화되는 그 지점,
그곳에 당신이 해결해야 할 과제가 있습니다.
당신의 케케묵은 감정이 자리 잡고 있습니다.

그 사람이 지금처럼 행동하는 데에도
다 이유가 있습니다.

아마도 그 무엇인가를 증명하고 확인받기 위해
평생을 저렇게 애쓰는 중일 겁니다.
지금의 생각과 행동이
그가 찾은 가장 효과적인 방법이라고 생각하고 있을 겁니다.

틀렸다고 잔소리하기 전에

그가 무엇을 위해 싸우고 있는지에 관심을 가져보세요.

당신의 몇 마디로 바뀔 수 있는 것이 아닙니다.

그가 평생을 거쳐 갈고닦은 기술이니까요.

노력하는 엄마는 온갖 육아 기술을 익히느라 애쓰지만
현명한 엄마는 자신의 마음을 이해하느라 애씁니다.
우리는 자신을 대하는 방식이 가장 자연스럽기 때문에
같은 방식으로 가까운 사람을 대하게 됩니다.

그러니까 기술 전에 내 마음을 아는 것이 먼저입니다.
나를 신뢰하고,
나를 존중하고,
나를 사랑하는 것.

그것이 내가 아끼는 누군가를 위한
최선입니다.

같이 살다 보면, 함께 일하다 보면
참 이해할 수 없는 사람들이 많아요.
"도저히 내 상식으로는 이해가 안 돼"라고
말하게 되는 순간들이 있죠.

그런데 왜 이런 말 있잖아요.
'남녀가 결혼하면 네 사람이 사는 것이다.'
남자와 그 내면의 상처받은 자아,
여자와 그 내면의 상처받은 자아.
그래서 한 사람의 인생을, 부모를, 친구를 이해하다 보면
자연스럽게 더 깊이 인정하게 되곤 합니다.

상식으로 상대를 이해하려고 하지 마세요.
한 사람이 만들어지는 과정은,
그 사람이 듣고 생각하고 말하는 방식은
상식만으로 만들어진 게 아니거든요.

한 심리학자가 말했습니다.
"그 사람의 말을 들으면, 자존감의 수준을 알 수 있습니다."

우리가 하는 말.
타인에게 전달하는 것 같지만,
결국 나를 향한 언어입니다.
밖으로 내뱉는 것 같지만,
단지 안을 밖으로 비추는 것일 뿐입니다.

그러니 어쩌면
말을 잘하는 기술보다는
마음을 잘 쓰는 기술이 필요한지도 모르겠습니다.

"저는 일복이 터졌어요. 가는 곳마다 일이 쏟아져요."
"저는 사람복이 없어요. 어디 가서나 이상한 인간들을 만나요."
"저는 꼭 하는 일마다 끝이 안 좋아요."

어딜 가나 꼭 그렇다는 말.
정말 신기하게 그 사람에게는 같은 일만 반복되는 걸까요?
아니면
생각하고, 행동하고, 말하는 방식이 그대로이기 때문일까요.

"어떻게 나한테 그렇게 말할 수 있어?"
"두고 봐. 절대 잊지 않을 거야."

곱씹는 말이 있다는 것은
그 말에 얽매여 있다는 것입니다.
내가 말을 이끄는 것이 아니라
말이 나를 흔들어댄다는 거지요.
당신의 그 말 거름망을 좀 넓혀보세요.
조금 더 큰 구멍 사이로
힘든 말, 아픈 말, 싫은 말 숭숭 빠져나가서
당신이 그 몇 마디 말에 묶여 있지 않게
당신의 마음이 더 자유로워지게.

그 말을 붙잡지 말고
당신 마음의 거름망을 살펴보세요.

예전에는 가까운 사람들 때문에 화가 나면 이렇게 질문했어요.
"쟤는 도대체 뭐가 문제지?"
"사람이 어떻게 저럴 수 있어?"

이제는 이렇게 묻곤 합니다.
"지금 내 삶에서 무엇이 잘 안 돌아가고 있는 거지?"
"내가 놓치고 있는 것이 무엇일까?"

그 답은 내게 있더군요.
삶에서 중요한 무엇인가를 놓치고 있을 때,
틈과 여유 없이 자신을 몰아치고 있을 때,
관계가 힘들어진다는 것을 발견합니다.

관계를 회복시키는 힘,
자신에게 묻는 데서 나옵니다.

초보자 vs. 숙련자

초보 운전자 시절.

모의주행 연습을 도와주시던 선생님께서 늘 말씀하셨습니다.

"멀리 보세요. 그래야 정차하고 있던 차가 언제 끼어들지도 보이고 앞서가던 버스가 언제 노선을 바꿀지도 예상해서 대비할 수 있으니까요."

'그거야 알지요. 그런데 잘 안 되는 걸 어떡해요.'

생각해보니 소통의 초보자들도 그런 것 같습니다.

멀리 보는 연습, 그게 잘 안 되어 보입니다.

지금 당장 벌어지는 말에 현혹되기보다는

숨어 있는 상대의 마음을 먼저 보는 연습을 하세요.

지금 이 순간 몰아치는 감정에 휘둘리기보다는

기대하는 우리의 관계에 대해 생각해보는 연습을 하세요.

그것이 초보와 프로의 차이입니다.

프로는 상대를 탓하기 전에

그와 내가 충돌하지 않게 대처할 힘을 가지고 있거든요.

남자는 태어나 평생 세 번 운다.
사내가 운다고 아버지께 '혼꾸녕' 한번 나면
마음에 규칙이 생깁니다.
'울면 약한 거야.'

반면 어릴 때부터 눈물을 공감받아본 사람은
마음속 규칙을 배웁니다.
'눈물을 나누어야 진짜 관계가 되는 거야.'

이런 남녀가 마음을 나누고 살다 보면
한 사람은 아기같이 징징거려 힘들어 죽겠다고,
또 다른 사람은 무관심에 외로워 죽겠다고 투덜대게 됩니다.

상대를 원망하기 전에
마음에 들어차 있는 감정 규칙을 먼저 알아보세요.
어려운 것일수록
사례 공부보다 개념 이해가 먼저니까요.

나쁜 자세

디스크 통증을 오래 앓다 보니 발견한 것이 있습니다.
허리가 아픈 사람들은 대개 이상한 자세를 하더군요.
그나마 가장 통증이 덜한 자세, 덜 불편한 자세를 찾아
교묘하게 몸의 형태를 유지하려고 합니다.

그런데 결국 바르지 못한 그 자세 때문에
허리가 더 아프게 되고,
결국 시술과 수술을 반복하게 됩니다.

혹시 우리 마음에
그런 나쁜 자세 같은 게 있지는 않은가요?
내 마음 편해서 당장 자주 쓰고는 있지만
결국 나를 더 아프게 하는 것들.

처음에는 불편해도
나를 위해 조심하고 배려해야 하는 것들 말이에요.

연애를 통해 알 수 있는 것

어떤 사람의 연애 패턴을 보면
'정서적 안정성'의 수준을 알 수 있어요.
무의식적으로
자신의 안정성 수준과 비슷한 사람을 찾게 되거든요.

나쁜 남자와 이별하고 또 다른 사람을 만나도
결국 비슷한 사람인 것도 이 때문이지요.

지금 만나는 연인이 정서적으로 힘들게 하는 사람이라면
상대를 탓하기 전에 자신을 돌아보세요.
그리도 싫어하는 그 모습, 당신에게는 없는지.
교묘히 숨겨져 있어 당신만 모르는 것은 아닌지.

연애는 '같은 그림 찾기'라고 생각하면 됩니다.
당신과 닮은 숨겨진 것들을 찾아보세요.

친구가 남자친구와 헤어졌답니다.
남자는 이유도 묻지 않고 쿨하게
"그래, 네가 원한다면"이라고 답했다는군요.

그런데 며칠 간격으로 남자가 전화를 한답니다.
술기운을 빌려 안부를 묻는 전화.

친구 이야기를 듣는데
그 남자 인생도 참 외롭겠다는 생각이 듭니다.
왜 헤어져야 하냐고 이유나 물어보지,
더 잘하겠다고 사정이나 해보지.

사랑에 매달리고, 사랑을 표현하는 일이
얼마나 두렵길래 그랬을까요.

이러지도 저러지도 못하고
괜찮은 척하느라 얼마나 많은 사람을 보냈을까요.

솔직히 제 친구,

잘 헤어졌다 싶습니다.

오래 만났어도 그 사람 마음 찾느라 고생 좀 했을 것 같거든요.

관계와 문제 사이

비행 청소년 아이들 상담할 때

왜 부모를 동반하게 하는지 아세요?

아이의 행동이 문제라고 판단하기 전에

부부가 서로 관계 맺는 방식,

그것이 아이에게 전해지는 방법을 보려는 거예요.

어쩌면 아이의 문제 행동이란, 보호장비일 수 있거든요.

때론 그 증상이 가족을 보호하는 기능을 하기도 하거든요.

아이에게 부모는 우주입니다.

부모의 싸움은 세계 전쟁이고요.

자기 별을 지키고 싶은 마음에서 시작된 문제는

관계를 통해서 해결되는 경우가 많습니다.

문제행동을 조명하기 전에

문제가 태어난 생태계를 관찰해야 합니다.

전화기가 울리고 발신자 이름을 확인하는 것만으로도
불편감이 목젖을 타고 올라오는 사람이 있습니다.

"받을까, 말까?"
"아…, 또 무슨 일이지?"

그러다 문득 생각해봅니다.
누군가를 불편해한다는 것은
그가 유독 불편함을 잘 만드는 사람일까,
아니면 내가 그 불편함에 반응하는 사람인 걸까?

나는 무엇을 걱정하는 것일까.
나는 무엇을 감추려는 것일까.
나는 무엇을 후회하는 것일까.

나를 알아가는 단서는
이렇게 갑자기 울려댑니다.

손을 잡아주세요

뇌에서 신경을 많이 쓰는 신체 부위가 어딘지 아세요?

손, 입술, 혀의 순서랍니다.

연인이 사랑을 느끼는 순서와 같지요?

지금 가까이 있는 그 사람 손,

언제 잡아보셨어요?

우리 뇌는 손의 접촉을 원합니다.

당신의 따뜻한 손길이 필요한 사람들입니다.

가족심리치료 전문가들 사이에는 이런 말이 있답니다.
부모가 아이를 매일 세 번 안아주면 겨우 생존하고,
매일 여섯 번 안아주면 그럭저럭 자라고,
아홉 번 안아주면 잘 큰다는.

그렇게 누군가의 돌봄과 관심 속에서
우리가 자랐다는 것을 말하는 것이겠지요.

3 · 6 · 9 법칙, 성인은 예외일까요?
타인과 더 눈 맞추고, 웃고, 안고, 사랑한다는 말 들으면
더 잘 크는 것.
아이들뿐일까요?

하루에 몇 번이나 관심을 주고받는지
궁금해집니다.

용서한다는 것은
내가 당신을 미워하는 것보다
나 자신을 사랑하는 데 더 관심을 두겠다는 것.

용서한다는 것은
상처가 덧나도록 두지 않고
치료 방법을 찾아 나서겠다는 것.

용서한다는 것은
'어떻게 나에게…'에서 벗어나
'어쩌면 당신도…'로 바라볼 힘이 생겼다는 것.

그래서 오늘도 용서를 선택합니다.

아이가 집을 온통 난장판으로 만들었을 때
"아이고! 열심히 놀았구나. 이제 엄마랑 같이 정리해보자."

아이가 수학 시험 50점 맞아서 기죽었을 때
"속상하지? 이리 와봐. 엄마가 안아주고 싶어."

남편이 결혼기념일을 잊었을 때
"서운하지만, 그래도 얼마나 다행이야. 내가 기억하고 있으니."

몇 년을 더 살면 이런 말 할 수 있게 될까요?
얼마를 더 아프고 깨닫고 후회해야
이런 말 하게 될까요?

연극 대본 본 적 있나요?
배우들의 살아 있는 감정 연기를 위해
행동지시문이라는 것이 있습니다.

(뛸듯이 기뻐하며) 눈물을 흘린다.
(힘없이 시선을 내리며) 눈물을 흘린다.

우리 일상의 말에도 대본은 없지만 행동지시문이 있습니다.
같은 눈물도 행동지시문에 따라 해석이 달라집니다.
그래서 세상에 똑같은 눈물은 없습니다.

"안 돼요."

"못 해요."

"어려워요."

"곤란해요."

이런 말 들으면 답답하시죠?

"왜 그렇게 부정적으로 생각해?"

"왜 그렇게 우물 안 개구리처럼 굴어?"

그런데 그 사람, 불안해서 그래요.

사람이 불안해지면 외부의 다양한 정보 중에서도

자신에게 위협이 되는 정보만 더 크고, 확실하게 보이거든요.

그러니까 지금의 당신처럼

윽박지르면 더 불안해지겠지요?

있는 그대로의 자신을 드러내는지,
무엇을 감추거나 더 보여주려고 하는지,
그것을 알아차리고 싶다면 목소리에 집중해보세요.

음성이 평소보다 더 높아지거나 낮아지거나,
속도가 평소보다 더 빨라지거나 느려지거나,
어투가 평소보다 더 경직되거나 흐트러지거나.

목소리는 당신의 마음을 알려줍니다.

왜 당신의 진짜 목소리로 말하지 않나요?
무엇이 당신의 자연스러운 소리를 방해하나요?

끼어드는 차량이 깜빡이를 아무리 간절히 켜대도
뒤차는 뒤질세라 앞머리를 밀어댑니다.

그런데 참 신기한 건
끼어들기 전에 창문을 열어 손을 흔들거나,
고개를 내밀어 인사를 꾸벅하면,
앞차와의 간격을 슬슬 벌려준다는 거죠.

깜빡이는 안 되고, 사람은 되는 걸까요.
문자로는 안 되고 말로 해야 하는 이유 같은 걸까요.
이메일 말고, 목소리로 해야 하는 이유일까요.

아무리 세상이 달라졌다고 해도
사람이어야만 되는 것이 분명 있습니다.

어제 아이가 많이 아팠습니다.

시어머니께 하소연을 늘어놓는데 대번에 말씀하셨어요.

"거봐라. 아이는 엄마가 키워야 하는 거야. 일 그만두면 안 되냐?"

가뜩이나 죄스러운 엄마의 눈에서 눈물이 쏟아집니다.

때마침 퇴근하는 신랑을 붙잡고 울먹입니다.

"어머니가… 이렇게 말씀하시는 거 있지."

가슴 저미게 속상한 아내를 위해 남편은 어떤 첫말을 해줘야

할까요?

"그건…, 어머니가 걱정돼서 그러시는 거지."

저런! 이건 아닙니다.

지금 제게 시어머니의 입장을 설명해주지 않아도 될 텐데요.

굳이 말하지 않아도 어머니 마음은 저도 아는데,

신랑이 알려주니까 알고 싶지 않아집니다.

온종일 두고두고 서운합니다.

"속상했겠다."

"가뜩이나 마음 안 좋을 텐데. 서운했겠네."

이거면 충분합니다.

위로가 되는 말에 대해 생각해보게 됩니다.

마음이 우는 사람 앞에서 해야 하는 첫말을 돌아보게 됩니다.

부엌살림을 하다 보면, 처음에는 예쁜 그릇에 욕심이 납니다.
하지만 이내 곧 알게 되지요.
살림 초보에게 진짜 필요한 것은
서툴게 다루어도 이가 잘 나가지 않는 그릇이라는 것을요.

덜 조심하고, 덜 마음을 써도
그 자체가 견고하고 단단해서 상처가 덜 나는 그릇을
더 찾게 됩니다.
사람도 그렇죠.
예쁘지만 손이 많이 가고, 뭘 하든 조심스러워지는 사람보다
그 자체가 깊고 견고해서 상처를 덜 받는 사람과
함께 있고 싶어집니다.

나는 어떤 그릇의 사람일까요?

"엄마는 몇 살까지 살고 싶어?"

"글쎄…, 너무 오래 사는 것도 좀 그렇지 않을까? 10년 더 살면 많이 살려나?"

"엄마는 남은 시간에 더 해보고 싶은 일이 뭐야?"

잠든 아들을 곁에 두고 엄마와 막간 대화가 오갑니다.
문득 엄마가 저리도 나근나근 말하는 사람이었나 싶어집니다.
엄마라는 사람은 늘 목소리 크고, 세고, 거칠다고 생각했는데
저렇게 말랑말랑한 말도 할 줄 알았나 싶어집니다.

그러고 보니 남에게 질문하는 직업을 가진 딸이지만
엄마에게는 질문해본 적이 별로 없는 것 같네요.
무엇이든 궁금해서 물어보는 건 일등이면서
엄마의 마음이 궁금해서 질문하는 건 꼴찌였네요.

"엄마의 어릴 적 꿈은 뭐였어?"
"엄마는 언제가 가장 행복해?"
"엄마는 힘든 고비를 어떻게 견딜 수 있었어?"

엄마의 나근나근, 말랑말랑

여자 목소리 자주 들어야겠습니다.

같은 말, 다른 뜻

이제 곧 설날이 다가옵니다.
4년 전 돌아가신 아버지 산소에 갈 준비를 합니다.

아버지는 살아계실 적에 참 제가 싫어하는 말을 골라 하셨죠.
제일 듣기 싫었던 말은 "이 싸가지 없는 놈"이었습니다.
아마도 저는 싸가지 있는 딸이고 싶었나 봐요.
아버지가 그 말을 하실 때면 진저리를 쳐댔더랬죠.

그런데 이제는 알 것 같습니다.
아버지의 그 말이
"보고 싶다. 우리 딸",
"같이 시간 좀 보내자. 서운하다, 우리 딸"의
다른 말이었다는 것을 말입니다.

그때는 그렇게 해석이 되지 않았어요.
당신은 반평생을 그런 의미로 사용했는데
예전에는 제가 듣고 싶은 대로만 들으려 했나 봐요.

이제야 해석할 힘이 생겼는데 마주할 아버지가 없습니다.

혹시 지금,

당신이 잘 해석해서 들어야 할 말이 없나 생각해보세요.

조금만 더 일찍 알았더라면

"아빠, 오늘 우리 맥주 한잔할까?" 할 수 있었을 텐데요.

올해도 아버지의 납골당 앞에서 어린 아들을 안고 펑펑 울겠지요.

"그리운 아버지, 싸가지 없는 딸 왔어요."

  슬기로운 언어생활을 하는 사람, 그의 곁에 있으면 어떤 일이 생기는지 아는가?

  나는 안다. 그런 사람 옆에 있으면 경계가 풀리고 안심이 된다. 배려에 마음이 따뜻해지고, 시끄러웠던 속이 잠잠해진다. 그런 관심이 계속되면 자신감이 생기고, 위로에 용기가 난다. 그래서 더 넓고 먼 곳으로 여행할 수 있게 된다. 그 사람을 알기 전보다 더 행복한 사람이 되어간다.

  당신은 주변에 이런 사람이 있는가?
  나는 있다. 우리 부부는 결혼식 날 '부부 십계명'을 낭독했다. 앞으로 이렇게 살겠노라 하는 서로에 대한 약속이다. 신랑이 적은 십계명에는 다음의 것들이 포함되어 있다.

- 당신이 이야기할 때, 중요한 이야기는 더 진지하게 경청할게요.
- 같은 말을 하더라도 당신의 감정 상태를 고려해서 말할게요.

7년 전, 내가 이 남자와 결혼을 결심한 이유는 사람을 향한 슬기로움이 엿보였기 때문이다. 내가 책도 더 많이 읽고 더 오래 공부했지만, 그는 소중한 사람과 대화할 때 해야 할 것과 하지 말아야 할 것을 늘 고민하는 지혜로움을 갖추고 있었다. 말을 잘하지는 못했지만 제대로 하려고 노력하는 사람이었다.

그동안 아이 둘을 낳아 네 가족이 되었다. 매일이 좋을 수 없는 현실 부부이지만, 그는 여전히 설거지할 때 그릇 소리가 시끄러운 날이면 나에게 묻는다.

"윤나 씨, 몸과 마음… 괜찮아요?"

그러면 신기하게도 몸과 마음이 괜찮아진다. 닦던 그릇을 조금 더 조심스럽게 다루게 된다.

신랑은 나의 폭풍우 같은 잔소리에 정말 화가 날 때면 이렇게 말한다.

"윤나 씨, 우리 이야기 나중에 했으면 좋겠어요. 지금은 내가 들기 힘들어서 그래요."

그렇게 말하면 그도, 나도, 아이들도 아무도 다치지 않는다. 그의 현명함은 내가 다시 어떻게 말을 해야 할지 연구하게 한다. 슬기로움은 또 다른 슬기로움을 불러온다.

그런 남자와 사는 동안 '당신, 정말 나를 사랑해?'라는 의심은 사라졌고, 경계는 무너졌다. 사람에 대한 불안이 줄었다. 꼭 잘하지 않아도 있는 그대로 받아들여질 수 있음을 경험할수록 마음은 건강해졌고, 예전보다 가볍게 살아도 괜찮겠다는 용기가 생겼다.

결혼생활을 통해 배운 한 가지가 있다면, 슬기로운 언어생활은 입에서 나오는 것이 아니라 마음에서 나온다는 것이다. 그리고 그 마음의 이름은 '사랑'이다.

진부하지만 결국, 사랑이다. 가족, 친구, 아끼는 동료들과 슬기로운 언어생활을 하기 위해서는 어쩌면 사랑을 먼저 배워야 할지도 모른다. 사랑하면 지혜로워지고, 지혜로워질수록 더 사랑할 수 있기 때문이다.

당신의 말이 슬기로워질수록 자신도, 주변 사람들도 잘 지킬 수 있다.

말 많은 세상에서 말 너머를 보는 법

슬기로운 언어생활

초판 1쇄 발행 2018년 4월 23일
초판 9쇄 발행 2024년 4월 16일

지은이 김윤나
펴낸이 민혜영
펴낸곳 (주)카시오페아 출판사
주소 서울시 마포구 월드컵북로 402, 906호(상암동 KGIT센터)
전화 02-303-5580 | **팩스** 02-2179-8768
홈페이지 www.cassiopeiabook.com | **전자우편** editor@cassiopeiabook.com
출판등록 2012년 12월 27일 제2014-000277호

ⓒ김윤나, 2018
ISBN 979-11-88674-15-2 03190

- 잘못된 책은 구입하신 곳에서 바꿔 드립니다.
- 책값은 뒤표지에 있습니다.